Jana Jürß

Wir
vom Jahrgang
1970
Kindheit und Jugend

Impressum

Bildnachweis:

Titel: Jana Jürß: oben; Marina Jürß: unten; Jens Nattermann: hinten

Fam. Haake: S. 4, 9, 11 u, 21. 22. 23 (2), 26, 32, 42, 53, 57 o; Jens Nattermann: S. 5, 6, 7, 10 u, 18, 25, 30, 33, 36, 47 o, 54; Jürgen Jürß: S. 8, 59; Marina Jürß: S. 10 o, 38, 60 u; Freia Schlünz: S. 11 o; Ullstein-dpa: S. 12 li; Ullstein-Langrock: S. 12 re; Ullstein-Wöstmann: S. 13 o; Ullstein-ddp: S. 13 u, 16 o; Hans-Peter Berth: S. 15; Edda Schauder: S. 16 u; Lilo Große: S. 17; Rudolf Machatschke: S. 20; Ullstein-Probst: S. 27, 55; Ullstein-bild: S. 28; Ullstein-DHM/Schwarzer: S. 29; Bernd Hellwig: S. 31; Ullstein-Wiezorrek: S. 34; Ullstein-Abraham Pisarek: S. 37; Jana Jürß: S. 40, 43 (2), 45, 46 (2), 50, 52, 56 (2), 60 o, 61 (2), 63 (2); Kappus Seifen GmbH Riesa & Co: S. 44; Ullstein-KPA: S. 47 u; Ullstein-Ihlow: S. 48; Richard Griesau: S. 49; Ullstein-Thie: S. 57 u; Ulstein-CARO/Frank Sorge: S. 58

Wir danken allen Lizenzträgern für die freundliche Abdruckgenehmigung.
In Fällen, in denen es nicht gelang, Rechtsinhaber an Abbildungen zu ermitteln,
bleiben Honoraransprüche gewahrt.

8. Auflage 2025
Alle Rechte vorbehalten, auch die des auszugsweisen
Nachdrucks und der fotomechanischen Wiedergabe.
Gestaltung und Satz: r2 | Ravenstein, Verden
Druck: Druck- und Verlagshaus Thiele & Schwarz GmbH, Kassel
Buchbinderische Verarbeitung: Buchbinderei S. R. Büge, Celle
© Wartberg-Verlag GmbH
34281 Gudensberg-Gleichen • Im Wiesental 1
Telefon: 056 03/9 30 50 • www.wartberg-verlag.de
ISBN: 978-3-8313-3170-3

Vorwort

Liebe 70er!

unsere Kinder werden es uns einmal fragen: Wie war das damals? Was habt ihr als Kinder gespielt? Welche Filme habt ihr gesehen? Oder unsere Freunde, die im anderen Teil Deutschlands aufgewachsen sind, stellen uns diese Fragen. In dem Moment beginnen wir zu überlegen: Wie war denn unsere Kindheit? Wo sind wir groß geworden? Womit sind wir groß geworden? Welche Musik von damals klingt uns noch in den Ohren? Was und wen mochten wir gern? Dass wir die Kinder des Kalten Krieges sind, haben wir nicht vergessen. Dass wir im Osten die Guten waren und die im Westen die Bösen, mit dieser Gewissheit wuchsen wir auf. Wir sind eben Kinder der Mauer.

Im Jahr unserer Geburt begannen die Vier-Mächte-Verhandlungen über Berlin. Ein Jahr später bröckelte die Ära Ulbricht, er wurde von Erich Honecker als Erstem Sekretär des ZK der SED abgelöst. Der große Freund unseres Landes war die Sowjetunion, wobei wir den Russen nicht wirklich nahe kamen, obwohl wir mit ihnen fast Haus an Haus wohnten. Die Jahre unserer Kindheit und Jugend wurden geprägt von Sigmund Jähn, Jens Weißflog und Katharina Witt. Wir feuerten aber auch Boris Becker an und schwärmten für Bayern München. Wir liebten Winnetou und Old Shatterhand ebenso wie DEFA-Häuptling Gojko Mitic und hörten mit unseren älteren Geschwistern heimlich die Musik von ABBA. Wir marschierten am ersten Mai und am Tag der Republik, wir sangen „Brüder zur Sonne, zur Freiheit" und tranken Brause. Unsere Eltern waren Mutti und Vati, sie fuhren einen Trabbi und erholten sich am Wochenende in der Laube. Eine Kindheit, wie sie viele erlebten – unsere Kindheit als ein Teil der deutschen Geschichte.

Jana Jürß

1970-1972

Nie allein!

1970-
1972

Staatliche Erholungsheime sollten unsere Eltern „bei Laune" halten.

FDGB-ERHOLUNGSHEIM „HAUS DER ERHOLUNG"

Unsere Eltern

Unsere Eltern waren in der Regel beide berufstätig. Die Mutter hatte meist neben ihrer Arbeit den Haushalt und uns Kinder zu versorgen. Sie bekam zwar einen monatlichen Haushaltstag, den auch die Väter ab 1977 beanspruchen konnten, jedoch war das Pensum für junge Eltern zumeist sehr hoch. Morgens in aller Hast die Kinder wecken, waschen, anziehen, nebenher frühstücken, die Kinder in die Krippe oder in den Kindergarten bringen, am Abend die Kinder wieder abholen, einkaufen, putzen, zu Abend

Chronik

Mustermix der 70er-Jahre in den eigenen vier Wänden.

19. März und 21. Mai 1970
Willi Stoph und Willy Brandt treffen sich zu Gesprächen in Erfurt und Kassel.

26. März 1970
Beginn der Viermächte-Verhandlung über Berlin am Sitz des ehemaligen Alliierten Kontrollrats in Westberlin.

26. Juni 1970
Der erste Film der Olsenbande kommt in die Kinos.

16. September 1970
Das Gesetz über die Zivilverteidigung wird beschlossen.

22. bis 29. November 1970
Festwoche zum Anlass des 100-jährigen Bestehens der Dresdner Philharmonie.

31. Januar 1971
Wiederaufnahme eines begrenzten Telefonverkehrs zwischen beiden Teilen Berlins nach 19-jähriger Unterbrechung.

24. März 1971
Jurek Becker, Erik Neutsch und Herbert Otto erhalten der Heinrich-Mann-Preis der Deutschen Akademie der Künste.

24. Juni 1971
Erich Honecker wird Vorsitzender des Nationalen Verteidigungsrates.

3. September 1971
Unterzeichnung des Viermächte-Abkommens in Berlin.

30. Oktober bis 1. November 1971
Freundschaftsbesuch von Leonid Iljitsch Breschnew in der DDR.

1. März 1972
Die Buchhandlung „Das internationale Buch" wird in Berlin eröffnet.

16. bis 18. Juni 1972
Im Bezirk Schwerin finden die 14. Arbeiterfestspiele statt.

6. Oktober 1972
Amnestie für insgesamt 32 000 politische und kriminelle Straftäter.

21. Dezember 1972
Unterzeichnung des Grundlagenvertrages zwischen der DDR und der BRD.

essen, Kinder ins Bett bringen. Wenn der Vater oder die Mutter irgendwo in Schicht arbeitete, war das Unterfangen noch um einiges erschwert. Dann waren die Eltern auf Großeltern, Tanten, Nachbarn angewiesen. Auch wenn die Mutter oft schimpfte, dass sie nicht alles unter einen Hut bringen konnte, wollte sie doch ihre Eigenständigkeit durch die eigene Berufstätigkeit nicht missen.

In der Verfassung waren die Grundrechte des Schutzes der Familie und die der Gleichberechtigung von Mann und Frau bereits seit 1949 festgeschrieben. Auch gab es Gesetze, dass für gleiche Arbeit gleiche Löhne gezahlt werden mussten. Es gab einen Mindestlohn von 400 Mark, die Mieten waren niedrig, die Lebenshaltungskosten nicht sehr hoch, so waren wirkliche Geldsorgen, wenn beide Eltern arbeiteten, nicht an der Tagesordnung.

 1. bis 3. Lebensjahr

Kindergeld und Babyjahr

Kindergeld wurde bis zur Beendigung der zehnklassigen Schule oder bis zur Vollendung des 18. Lebensjahres gezahlt, wenn die Kinder aus gesundheitlichen Gründen keine Schulen besuchen oder nicht erwerbstätig sein konnten. Für Lehrlinge und Schüler der 11. und 12. Klasse gab es kein Kindergeld mehr. Die Höhe des Kindergeldes lag für das erste und zweite Kind bei jeweils 20 Mark, für das dritte und jedes weitere Kind gab es 100 Mark.

Jede Frau bekam bei der Geburt ihres Kindes eine Beihilfe von 1000 Mark. Diese wurde in Teilbeträgen gezahlt: 150 Mark nach der 28. Schwangerschaftswoche, 750 Mark nach der Geburt und je 25 Mark in den ersten vier Monaten nach der Geburt, wenn die Schwangere bzw. später die Mutter mit dem Baby regelmäßig die Schwangerenberatungsstelle bzw. die Mütterberatungsstelle aufsuchte.

Seit 1976 gab es ein bezahltes Babyjahr, wonach die Mutter für das erste Kind anfangs ein halbes Jahr freigestellt war, später auch für ein ganzes Jahr. Bei jedem weiteren Kind gab es wieder ein Jahr Babypause. Jede Frau hatte die Garantie, auf ihren Arbeitsplatz zurückzukehren. Später konnte die Mutter ab der Geburt des dritten Kindes 18 Monate zu Hause bleiben. Väter konnten das Babyjahr erst seit 1986 in Anspruch nehmen.

Jung gefreit ...

Unsere Eltern hatten zumeist sehr früh geheiratet. Dafür mag nicht immer die bloße Liebe ausschlaggebend gewesen sein. Für Ehepaare unter 26 Jahren gab es zinslose staatliche Kredite bis zu einer Höhe von 5000 Mark für die Beschaffung von Einrichtungsgegenständen, wofür eine Liste kreditwürdiger Erzeugnisse vorlag. Weitere 5000 Mark standen ebenso zinslos für Anteile an der Wohnungsbaugenossenschaft oder für den Kauf, Bau oder Umbau eines Eigenheimes zur Verfügung. Innerhalb von acht Jahren musste das Geld zurückgezahlt

Ein Bad in der See war noch viel schöner als in der Wanne.

werden. Wenn während oder auch vor der Ehe bereits Kinder geboren wurden, konnte die junge Familie für das erste Kind 1000 Mark, für das zweite Kind 1500 Mark und für das dritte Kind 2500 Mark von der Kreditsumme einbehalten. Zudem war es für die Vergabe von Wohnungen ein wichtiges Kriterium, verheiratet zu sein. Junge Leute hatten so eine Chance, eigene vier Wände zu beziehen. Ebenso gab es aber auch für Alleinerziehende einen Vorrang auf eine eigene Wohnung.

Unsere Eltern heirateten oft klassisch in weißem Kleid und dunklem Anzug mit einer großen Feier, vor der Trauung ein Polterabend, das Jawort beim Standesamt, feierlich mit Blumen und Musik. Leider war die Scheidungsrate relativ hoch, dafür waren aber die Unterhaltszahlungen für Kinder und bei Bedarf des geschiedenen Partners gesichert. Unterhalt musste an eheliche und nichteheliche Kinder gleichermaßen gezahlt werden

Mit Kind und Kegel zum Betriebsausflug.

Arbeit und Arbeit

Arbeit war etwas ganz Normales für unsere Eltern. Jeder hatte ein Recht auf einen Arbeitsplatz, fast so viele Frauen wie Männer waren berufstätig, nur wenige Frauen arbeiteten in Teilzeit. Die allgemeine Arbeitszeit lag bei 433/4 Stunden pro Woche. Für jeden, der im Drei- oder im durchgehenden Schichtsystem arbeitete, galt die 40-Stundenwoche. Werktätige im Zweischichtsystem hatten 42 Stunden wöchentlich zu arbeiten. Für Frauen mit zwei Kindern unter 16 Jahren oder mit einem schwerstgeschädigten Kind ab drei Jahren wurde eine Wochenarbeitszeit von 40 Stunden festgelegt.

Vatis Auto

Unsere Väter hatten neben ihrer Arbeit und uns ein noch viel intensiveres Tätigkeitsfeld. Ihr Auto, und das bedeutete Prestige. Da man auf ein neues Auto sehr lange warten musste, oft weit über zehn Jahre, bemühten sich viele um ein gebrauchtes Auto, was ebenso schwierig sein konnte. Außerdem war der Gebrauchtwagen oft teurer als ein neuer, wegen der hohen Nachfrage.

Also, Vatis heiß geliebter grüner Trabbi stand in der Garage, die einige Kilometer von der Wohnung entfernt war. So fuhr er mit dem Fahrrad morgens zur Garage, dann mit dem Auto zur Arbeit und nach Feierabend mit dem Auto vielleicht noch einkaufen, mit den Einkäufen im Auto nach Hause. Abends brachte Vati das Auto zurück in die sichere Garage und fuhr mit dem Fahrrad nach Hause. An den Wochenenden wurde das Auto gehegt und gepflegt, notwendige Ersatzteile wurden von Bekannten teuer erstanden oder getauscht und eingebaut. Fast jeder Vati war der eigene Automechaniker. Unsere Mutter fuhr auch manchmal den Trabbi, aber für sie war es eher ein praktisches Teil, ein Fortbewegungsmittel.

Stolzer Besitzer eines Wolga GAS 24.

*Trabbiparade vor dem Rathaus in
Neustrelitz in den 70er-Jahren.*

Trabbis und mehr

Vorläufer des Trabants war ein Fahrzeug namens P70. Es wurde zwischen 1955 und 1959 in Sachsen im VEB Automobilwerk Zwickau (ab 1958 VEB Sachsenring Automobilwerke Zwickau) produziert. Die Karosserie bestand aus einem Holzgestell mit einer Beplankung aus Kunststoff. Es hatte einen 22 PS starken Zweitaktmotor und es gab den P70 als Limousine, Kombi oder Coupé. Von 1958 bis 1990 rollten im gleichen Werk über drei Millionen Trabbis vom Band, auch Rennpappen genannt. Von einem Zweizylinder-Zweitaktmotor mit 18 bis 26 PS angetrieben, die Karosserie aus Duroplast, fuhren folgende Modelle durch die DDR und im befreundeten Ausland: Trabant P50, Trabant P500, Trabant P500 Kombi, Trabant P600, Trabant P600 Kombi, Trabant 601 S, de Luxe Universal. Der Trabant 1.1 war mit einem 40-PS-VW-Motor ausgestattet.

Der Wartburg, viel größer und komfortabler als der Trabbi und mit einer Karosserie aus Blech, ging am Fuße der Wartburg, im VEB Automobilwerk Eisenach in Thüringen, von 1956 bis 1991 vom Band. Die Modelle mit Motoren von 38 bis 58 PS waren: Wartburg 311/312 als Limousine, Kombi, Camping, Coupé, Pickup und Cabrio, Wartburg 313 Sportcoupé, Wartburg 353 als Limousine und Tourist, Wartburg 1.3 als Limousine, Kombi und Pickup. Weitere PKW, die auf den Straßen häufig zu sehen und unter bestimmten Bedingungen zu kaufen waren, waren Autos aus dem sozialistischen Ausland wie Lada (Shiguli), Moskwitsch, Saporoshez, Wolga und Tschaika aus der Sowjetunion, Skoda und Tatra aus der Tschechoslowakei, Dacia aus Rumänien, Polski-Fiat aus Polen sowie Zastava aus Jugoslawien.

Betriebskantine voller Frauen.

Frau sein

Frauen waren dem Gesetz nach gleichberechtigt, hatten die gleichen Bildungs- und Berufschancen wie die Männer und lebten mit der Gewissheit, Kinderbetreuungsplätze für ihre Kinder zu bekommen. Den jüngeren unter unseren Müttern war das bewusst, sie nutzten ihre Möglichkeiten und nahmen betriebliche Weiterbildungen in Anspruch. Manchmal überholten sie ihre Männer, unsere Väter, die sich unter Umständen schon mit Nuckelflasche und Windel zu Hause bei dem Baby sahen, während ihre Frauen in den Betrieben Karriere machten. Immerhin waren die jüngeren Väter schon eher in der Lage, uns Kinder mit neuen Windeln zu versorgen und uns während einer längeren mütterlichen Abwesenheit liebevoll zu versorgen. In der Regel aber war es die Aufgabe der Frau, den Familienfrieden zu wahren und dem Mann eine Frau zu sein, mit der er leben konnte und wollte. Die Frau als Ehefrau, als Mutter, als Hausfrau und als Werktätige, all das waren die Aufgaben unserer Mütter, die sie mit Bravour erledigten.

Die lieben Großeltern und Großtanten.

Kinderkrippe

In Kinderkrippen wurden Kinder im Alter von wenigen Wochen bis zur Vollendung des dritten Lebensjahres betreut. Neben den Tageskinderkrippen gab es Wochenkrippen, in denen es für die Kinder die gesamte Woche von Montag bis Freitag durchgängige Betreuungszeiten gab. Erst seit 1974 gab es ein dreijähriges Fachstudium zur Krippenerzieherin an medizinischen Fachschulen, bis dahin waren Säuglings- und Krankenschwestern in

Ausflug der Krippenkinder.

Schon reif für die Krippe?

Kinderkrippen tätig. Ein Krippenarzt überwachte die Pflege der Kinder sowie die Einhaltung der allgemeinhygienischen Anforderungen. Drei Erzieherinnen hatten ca. 16 bis 18 Kleinstkinder zu betreuen. 1970 besuchte fast jedes dritte Kind eine solche Einrichtung und Mitte der Achtzigerjahre waren es schon etwa acht von zehn Kindern. Die Kinderkrippen waren von 6 bis 18 Uhr geöffnet.

Ein staatlich festgelegtes „Programm für die Erziehungsarbeit in Kinderkrippen" regelte den Umgang zwischen Erzieherinnen und Kleinkindern. Bereits seit 1965 bildeten Kinderkrippe und Kindergarten gemeinsam die erste Stufe des staatlichen Bildungssystems, die Kinderkrippen jedoch waren weiter dem Ministerium für Gesundheitswesen zugeordnet.

Als Ulbricht ging

„Niemand hat die Absicht, eine Mauer zu errichten", sagte Walter Ulbricht kurz vor dem Bau der Mauer, über die er später meinte: „Das ist doch ein schönes Bauwerk." Als wir geboren wurden, war er der mächtigste Mann in unserem Staat. Doch für uns war er nicht mehr da, als wir begannen zu sehen, zu hören, zu denken. Wir wurden in die Honecker-Zeit geboren. Was wussten wir davon, dass Ulbricht 1971 gezwungen wurde, seine Macht aufzugeben. Nicht mal unseren Eltern war es wichtig, wer da an der Spitze unseres sozialistischen Staates stand.

1. bis 3. Lebensjahr

NEUES DEUTSCHLAND
ORGAN DES ZENTRALKOMITEES DER SOZIALISTISCHEN EINHEITSPARTEI DEUTSCHLANDS

„...Ich verstehe Ihre Frage so, daß es in Westdeutschland Menschen gibt, die wünschen, daß wir die Bauarbeiter der Hauptstadt der DDR dazu mobilisieren, eine Mauer aufzurichten. Mir ist nicht bekannt, daß eine solche Absicht besteht. Die Bauarbeiter unserer Hauptstadt beschäftigen sich hauptsächlich mit Wohnungsbau, und ihre Arbeitskraft wird dafür voll eingesetzt.

Niemand hat die Absicht, eine Mauer zu errichten!"

Ulbricht am 15. Juni 1961 auf einer internationalen Pressekonferenz in Ostberlin

Für sie waren ihre Familien wichtig und die Mauer würde nun, nachdem Ulbricht 1973 gestorben war, sicher nicht plötzlich verschwinden. So lebten die meisten weiter wie vordem, ob mit Ulbricht oder Honecker, die Politik war für die meisten weit weg von ihren Wohnungen. Wir Kleinen lernten unsere ersten Worte, wackelten unsere ersten Schritte, bekamen unsere erste Schokolade, wir saßen auf dem Topf und putzten die Zähne. Vom Kinderwagen aus zeigten die Eltern uns die Welt.

Die Mark

Die Mark der DDR nannten wir einfach Mark. Zusätzlich zur Mark gab es den Pfennig. Es gab folgende Münzen: 1 Pfennig, 5 Pfennig, 10 Pfennig, 20 Pfennig, 50 Pfennig, 1 Mark, 2 Mark, 5 Mark sowie folgende Banknoten:

5 Mark – mit der Abbildung von Thomas Müntzer,

10 Mark – mit der Abbildung von Clara Zetkin

20 Mark – mit der Abbildung von Johann Wolfgang von Goethe

50 Mark – mit der Abbildung von Friedrich Engels

100 Mark – mit der Abbildung von Karl Marx

Zu verschiedenen Anlässen, wie beispielsweise zu runden Jahrestagen, wurden Gedenkmünzen im Werte von 5, 10 oder 20 Mark ausgegeben. Neben der Staatsbank gehörten die staatlichen und genossenschaftlichen Geschäftsbanken sowie die Sparkassen zu unserem Banksystem.

Prominente 70er

27. Jan. **Fabian Harloff,** *deutscher Schauspieler und Musiker*

5. Feb. **Astrid Kumbernuss,** *ehem. deutsche Kugelstoßerin, Diskuswerferin und Olympiasiegerin*

22. März **Anja Kling,** *deutsche Schauspielerin*

18. April **Ester Schweins,** *deutsche Schauspielerin*

29. April **Uma Karuna Thurman,** *US-amerikanische Schauspielerin*

29. April **André Kirk Agassi,** *ehem. US-amerikanischer Profi-Tennisspieler*

16. Mai **Gabriele Sabatini,** *ehem. Argentinische Profi-Tennisspielerin*

22. Mai **Naomi Campbell,** *britisches Fotomodell*

25. Mai **Monica Lierhaus,** *deutsche Fernsehmoderatorin*

26. Juni **Chris O'Donnell,** *US-amerikanischer Schauspieler*

7. Juli **Erik Zabel,** *deutscher Radrennprofi*

25. Aug. **Claudia Schiffer,** *deutsches Fotomodell*

8. Okt. **Matt Damon,** *US-amerikanischer Schauspieler*

10. Okt. **Silke Kraushaar,** *deutsche Rennrodlerin*

10. Okt. **Corinna May,** *deutsche Sängerin*

16. Okt. **Mehmet Scholl,** *ehem. deutscher Fußballnationalspieler*

15. Nov. **Uschi Disl,** *ehem. deutsche Biathletin*

16. Nov. **Markus Beerbaum,** *deutscher Springreiter*

Anja Kling.

André Kirk Agassi.

Eins, zwei, drei, vier Eckstein …

Sonntags im Märchenland

Die wichtigste halbe Stunde in der Woche begann am Sonntagnachmittag um halb vier. Da saßen wir alle mit glänzenden Augen vor dem Fernseher: Zu Besuch im Märchenland, so hieß die Sendung mit dem Meister Nadelöhr. Mit Mischka dem Bären aus Moskau, der Ente Schnatterinchen und dem frechen Kobold Pittiplatsch lebte der Schneider in seiner Schneiderstube, begrüßte uns stets gut gelaunt und erzählte Märchen, sang Lieder und spielte Gitarre auf seiner Zauberelle. Und hinter der Schneiderstube begann sogleich der Zauberwald, in dem Herr Fuchs und Frau Elster sich gegenseitig nervten. „Kreuzspinne und Kreuzschnabel", wie könnten wir die meckernde Stimme des Herrn Fuchs vergessen und dazu Frau Elster, die alles besser und viel zu erzählen

Chronik

7. Juni 1973
Renate Stecher läuft in Ostrava als erste Frau der Welt über 100 Meter mit 10,9 sek unter 11 Sekunden.

28. Juli bis 5. August 1973
Die X. Weltfestspiele der Jugend und Studenten finden in Berlin statt.

1. August 1973
Der Staatsratsvorsitzende Walter Ulbricht stirbt im Alter von 80 Jahren.

18. September 1973
DDR und BRD werden Mitglieder der Vereinten Nationen (UNO).

3. Oktober 1973
Willi Stoph wird zum neuen Staatsratsvorsitzenden und Horst Sindermann zum Vorsitzenden des Ministerrates gewählt.

2. Mai 1974
Die „Ständigen Vertretungen" der BRD (in Berlin) und der DDR (in Bonn) werden eröffnet.

23. Juni 1974
Im Gruppenspiel der Fußballweltmeisterschaft schlägt die DDR-Auswahl die Mannschaft der BRD, der Torschütze war Jürgen Sparwasser.

16. Oktober 1974
Mindesturlaub wird auf 18 Tage durch Verordnung des Ministerrates erhöht.

22. Dezember 1974
Der DEFA-Film „Jakob der Lügner" nach dem Roman von Jurek Becher wird erstausgestrahlt.

20. Januar 1975
Oskar Fischer wird Außenminister der DDR.

26. April 1975
Erstaufführung von Arnold Schönbergs Oper „Moses und Aron" in der Dresdner Staatsoper.

29. September 1975
Hermann Kahler und Heiner Müller bekommen den Lessing-Preis.

26. November 1975
Anna Seghers bekommt anlässlich ihres 75. Geburtstages den Kulturpreis des Weltfriedensrates.

Hauptsache auf Rädern.

wusste. Kater Mautz und Häschen Hoppel, Frau Igel und ihr Sohn Borstel, selbst der alte Onkel Uhu, der Lehrer im Waldkindergarten und Meister Schwarzrock, der viel von einem Beamten an sich hatte, sie alle ließen uns andächtig vor dem Fernseher sitzen.

Und ganz besonders freuten wir uns auf die extra Abenteuer von Pittiplatsch, der im Winter zu seiner Omama ins Koboldland fuhr. Die wohnte in einem Kaffeekannenhaus und konnte zaubern und wunderbare Geschichten erzählen. Pittis Geschwister, der Drehrumbum mit seinem Lied: „Ich bin der Drehrumbum, der Runde, und drehe alles rum, jede Stunde", Nickeneck und Wuschel und Onkel Waldschrapp, der

4. bis 6. Lebensjahr

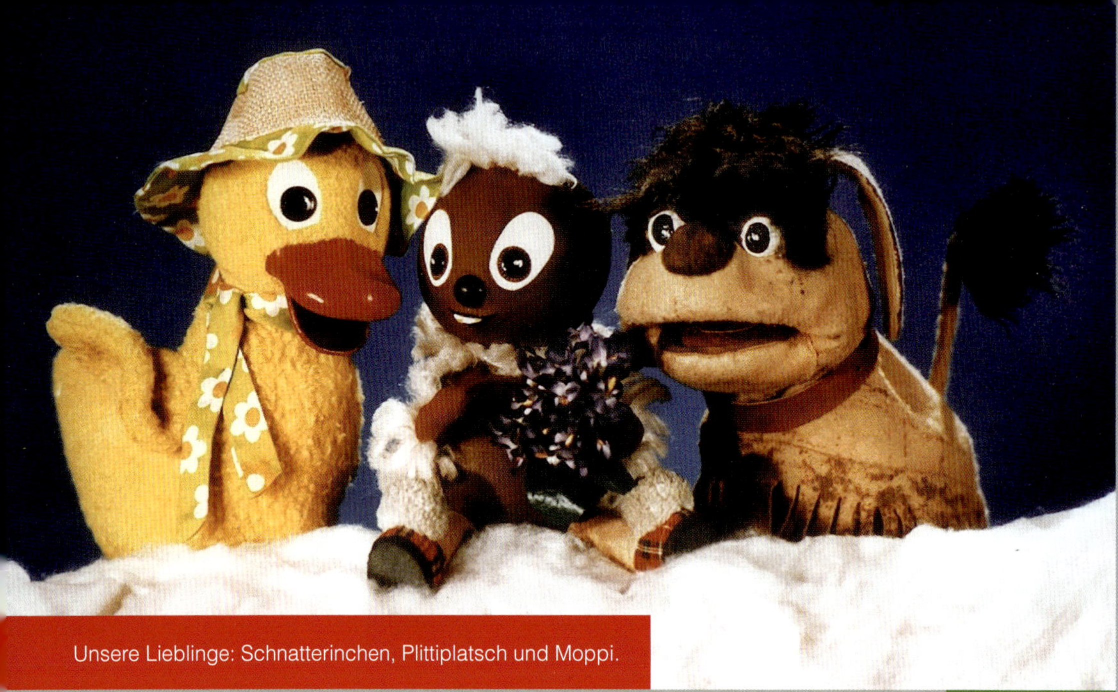

Unsere Lieblinge: Schnatterinchen, Plittiplatsch und Moppi.

meist mit seinem Schneeschieber unterwegs war, lebten mitten in diesem ungewöhnlichen Land neben einem feuerspeienden Drachen und Riesenvögeln. Und obwohl wir diese Geschöpfe meist nur schwarz-weiß sahen, machten sie unsere eigene kleine Märchenwelt ganz bunt.

Im Kreis herum wie Drehrumbum.

Rundherum im Kreise

Wie war noch der erste Tag im Kindergarten? Manchmal gab es Tränen, meist nicht, waren wir es ja durch die Kinderkrippe bereits gewohnt, einige Zeit von den Eltern getrennt zu sein. Trotzdem, die

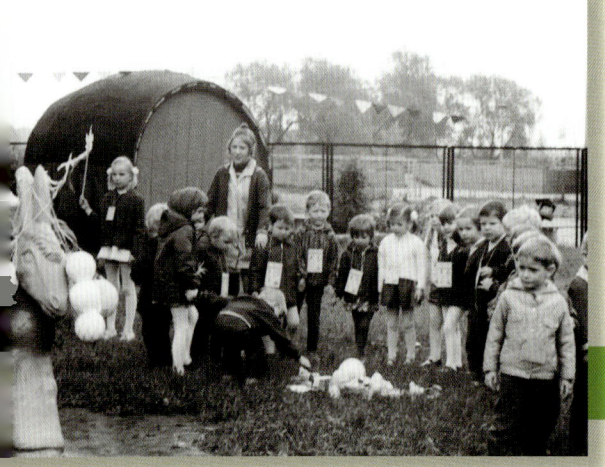

Erzieherinnen waren andere, sie hießen Frau Sommer oder Frau Müller. Jeden Morgen brachten uns Mutti, die Schwester, der Bruder, manchmal auch der Vati in den Kindergarten. Sie gaben uns an der Tür ab und holten uns am Abend wieder. Die vielen Stunden dazwischen waren gefüllt mit Aus- und Anziehen, Zähneputzen mit Putzi, Waschen, Essen, Schlafen, Lernen, Turnen, Spielen, Basteln, Malen …

Wir verbrachten den Tag mit vertrauten Kindern aus der Nachbarschaft, mit denen wir schon in die Krippe gegangen waren und mit denen wir später gemeinsam auf dieselbe Schule gehen würden. Jeder Tag verlief ähnlich dem anderen, alles verlief pünktlich und nach Plan. Der Tag war lang, aber die Zeit kurz. Was fast keiner mochte, war der zweistündige Mittagsschlaf. Viele von uns lagen wach, durften sich nicht mucksen.

Die Kindergärtnerinnen waren streng und konnten es nicht leiden, wenn wir unsere Teller nicht leer aßen. Es gab stets klare Regeln für uns, mit denen die meisten der Kinder gut zurechtkamen. Wir lernten uns anzupassen und gesell-schaftsfähig zu werden. Viele Stunden der Woche verbrachten wir im Garten, mal mit, mal ohne Anleitung spielend. Zu Feiertagen wurden Lieder einstudiert und fröhlich kleine DDR- und Arbeiterfähnchen geschwungen.

Typisch für die 70er-Jahre: Bommelmützen.

4. bis 6. Lebensjahr

Kindergärten

In den Kindergärten wurden Kinder im Alter von drei Jahren bis zur Schulreife mit sechs oder sieben Jahren ganztägig von Kindergärtnerinnen betreut. Im „Gesetz über die sozialistische Entwicklung des Schulwesens in der Deutschen Demokratischen Republik" von 1959 hieß es: „In Kindergärten und anderen Einrichtungen der vorschulischen Erziehung sind die drei- bis sechsjährigen Kinder auf die Schule vorzubereiten, an das sozialistische Leben heranzuführen und mit dem Schaffen der werktätigen Menschen bekannt zu machen. Die besondere Fürsorge gilt den Kindern berufstätiger Mütter." Die Kindergärten waren je nach Bedarf von 6 bis 18 Uhr geöffnet. Die Eltern mussten sich lediglich mit einem geringen Kostenbeitrag an der Beköstigung ihrer Kinder beteiligen.

Die Aufteilung innerhalb des Kindergartens sah drei Gruppen vor: die kleine Gruppe mit den Drei- bis Vierjährigen, die mittlere mit den Vier- bis Fünfjährigen sowie die große mit den über Fünfjährigen. Der Tagesablauf einer Kindergartengruppe war durchstrukturiert. Den Kindern wurden neben staatsbürgerlichen Elementen die einfache Mengenlehre, Malen, Singen und bildnerisches Gestalten beigebracht. Hatte 1955 nur etwa ein Drittel aller Kinder einen Kindergarten besucht, so waren es 1970 zwei Drittel und 1985 bereits 95 Prozent aller Kinder. Ein „Programm für Bildungs- und Erziehungsarbeit im Kindergarten" legte fest, dass die Kinder von klein auf zu sozialistischen Staatsbürgern zu erziehen seien. So lautete eines der Lieder, welche im Kindergarten gelehrt wurden:

Beim Musizieren im Kindergarten.

*„ Und wenn ich mal groß bin,
damit ihr es wisst,
dann werde ich auch so ein Volkspolizist.
Der Volkspolizist,
der es gut mit uns meint,
... er ist unserer Freund."*

Kinderfernsehen

Das Kinderfernsehen war nicht nur für die Freizeitgestaltung vorgesehen, es sollte die Erziehung der Kinder und Jugendlichen vorrangig unterstützen. Anfang der 70er-Jahre war das Konzept folgendes: „Entsprechend den Leitlinien des DFF (Deutscher Fernsehfunk) hat das Kinderfernsehen innerhalb des Gesamtprogramms dazu beizutragen, dass sich die Mädchen und Jungen einen festen Klassenstandpunkt aneignen, ihre ganze Persönlichkeit, ihr Wissen und Können, Fühlen, Wollen und Handeln für den Sozialismus, für die allseitige Stärkung der DDR einsetzen und ein von Optimismus, Freude und Frohsinn erfülltes Leben zu führen." Dies waren die Kinder- und Jugendsendungen, die wir sahen:

· 1, 2, 3 Allerlei
· AHA
· Alles Trick
· Brummkreisel
· Elf 99
· Flimmerstunde
· He, du!
· Hoppla
· Mach mit – mach's nach – mach's besser
· mobil
· Pfiff
· Unser Sandmännchen
· Zu Besuch im Märchenland

Eins, zwei, drei, vier Eckstein ...

Alles geht seinen sozialistischen Gang, hieß es bei uns zu Hause, bei den Freunden und Kollegen der Eltern. Immer, wenn die Eltern etwas brauchten, fragten sie den einen oder den anderen und einige Wochen später erhielten sie den neuen Wasserhahn, das Ketchup für die Soljanka, den Westkaffee für den Geburtstag, den Keilriemen fürs Auto, Rotkäppchensekt, die Stereoanlage aus Ungarn und was das Herz begehrte. Wichtig waren dabei ein großer Bekanntenkreis, das Trinkgeld und der Wille, die eigenen Beziehungen auch anderen zugutekommen zu lassen.

Wenn jemand nach Berlin fuhr, bekam er den Auftrag, Südfrüchte, Bekleidung und Haushaltswaren mitzubringen. Berlin war für uns nicht nur unsere Hauptstadt, nein, sie war schon fast wie „Westen". Eins, zwei, drei, vier Eckstein – Alles muss versteckt sein – Hinter mir und vorder mir – Gibt es nicht – Ich komme! So in etwa ging es auf den Reisen von unserem Land ins Ausland und zurück zu. Egal wohin, Dinge zum Tauschen wurden mitgenommen, und Dinge, die es bei uns nicht so leicht oder gar nicht gab, wurden auf der Rückreise in jeder Ritze der Koffer versteckt. Ob Vati aus der Tschechei

wiederkam und im Frühjahr Schokolade für den Weihnachtsbaum mitbrachte, ob die Tante aus Ungarn Salami und der Freund aus Polen Lutscher mitbrachte, alle waren gleichermaßen Helden.

Auch der Schwager, der auf der Baustelle ein Wasserrohr und Dichtungsringe mitgehen ließ, war ein Held. In Zeiten des Mangels waren solche Dinge ein Muss. Und bei Feiern saßen alle zusammen und stießen mit russischem Wodka und ungarischem süßen Wein an. Ene, mene, miste – es rappelt in der Kiste – Ene, mene, meck – und du bist weg. Darüber machten sich unsere Eltern wenig Gedanken, Vitamin B gehörte zum Alltag.

Einkaufen

Die genossenschaftliche Konsumgenossenschaften (Konsum) und die volkseigene Handelsorganisation (HO) sowie einige Sonderformen (Intershops, Exquisit- und Delikatläden) bildeten den „sozialistischen Einzelhandel", auf den circa 90 Prozent des gesamten Umsatzes entfielen. Alle unterstanden dem Ministerium für Handel und Versorgung. Die HO- und Konsumläden verkauften ihre Waren zu gleichen festen Preisen. Aus sozialpolitischen Gründen mussten Preisdifferenzierungen durchgeführt werden. So wurden die Preise einer Reihe von Grundnahrungsmitteln (Brot, Kartoffeln, Fisch, Fleisch), Kinderbekleidung und Dienstleistungen (Mieten, Verkehrstarife, Friseure) durch staatliche Subventionen niedrig gehalten.

Demgegenüber waren die Preise für Erzeugnisse des gehobenen Bedarfs (Fernsehgeräte, Autos, Waschmaschinen, Möbel) sehr hoch. Neben diesen Angeboten gab es noch das „Russenmagazin"

HO-Kaufhalle.

(Verkaufseinrichtungen der Gruppe der Sowjetischen Streitkräfte in Deutschland). Diese waren für die sowjetischen Offiziere und deren Familien bestimmt. Auch die deutsche Bevölkerung konnte dort einkaufen. Tabakwaren und Alkohol wurden an jeden abgegeben. Seit dem 19. Dezember 1973 durften die DDR-Bürger mit Devisen in Intershops einkaufen.

Vom Muckefuck zum Russenmagazin

Unsere Wohnung war dem Zweck entsprechend, was in den meisten Fällen bedeutete, ein Wohnzimmer für Couchgarnitur, Anbauwand, Couchtisch, Fernsehtisch samt Fernseher, noch gedrängt ein Esstisch mit Stühlen oder stattdessen ein Blumentisch. Kleine Kinderzimmer, ein Schlafzimmer für Doppelbett und großen Kleiderschrank, ein enges Bad, die Küche lang und schmal. Unser Kinderzimmer war recht groß, sodass dort der Esstisch Platz fand und sich demnach in diesem Raum das ganze Tagesgeschehen abspielte. Die Hauptmahlzeiten wurden dort eingenommen, das Frühstück einzeln in der Küche.

In der Küche war Platz für ein Tischchen und zwei Stühle, der Mülleimer stand unter dem Tisch. Die Spüle und die Küchenschränke waren entlang der Wände verteilt, der Holzkohleofen war vorn an der Tür, daneben der Kohleeimer. Tagsüber stand eine große Kaffeekanne auf unserem Küchentisch, die Kanne gefüllt mit Muckefuck. Kinderkaffee nannte es unsere Mutter. Und wenn niemand hinschaute, tranken wir gleich aus der Tülle der Kanne. Unsere Mutter kochte ihren Kaffee immer frisch, meist den Rondo-Kaffee, die Bohnen in der elektrischen Kaffeemühle gemahlen, das Wasser mit dem Tauchsieder gekocht.

Kam Besuch, bot Mutter den „Löslichen" an, den Russenkaffee aus dem Russenmagazin. Der war teuer, aber „man gönnte sich ja sonst nichts", wie die Erwachsenen gern sagten. Im Russenmagazin gab es neben diesem Kaffee noch russische Bonbons, Bekleidung, Fleisch oder auch das „Radeberger Bier", was es regulär kaum zu kaufen gab. Wir waren keine „gern gesehenen Kunden" im Russenmagazin, aber die Russen waren bei den meisten von uns genauso wenig „gern gesehen".

Sowjetische Ehrenmale und Russenmagazine erinnerten an die Präsenz des „großen Bruders".

Kennzeichen DDR

Für uns war die DDR immer schon die DDR. Als wir geboren wurden, existierte sie bereits über 20 Jahre. Uns war klar, wir waren die Guten, die anderen waren die Bösen. Der Kalte Krieg begleitete uns vom ersten Atemzug. Das Wort Zone kannten wir im Zusammenhang mit der DDR nicht, unsere Eltern und Großeltern sprachen von russischen und amerikanischen Besatzungszonen, wenn sie denn mal über die Vergangenheit sprachen. Seit dem 1. Januar 1974 trugen alle unsere Fahrzeuge das Länderkennzeichen DDR statt wie bisher nur D. Einige waren traurig und enttäuscht, einige erfreut, anderen war es egal.

Im September des gleichen Jahres beschloss die Volkskammer eine Verfassungsänderung dahingehend, dass der Begriff „deutsche Nation" darin nicht

mehr vorkam. Wir waren vier Jahre alt, als wir unsere Eltern sagen hörten, dass es „dazu endlich Zeit wäre" um „Farbe zu bekennen" und spielten ungehemmt mit den gebastelten roten Fähnchen und den geschenkten Sowjetsternchen, indem wir damit die Barbie- Figuren der Freundin schmückten.

Fortan sollten alle Autos das Kennzeichen DDR tragen.

Sozialversicherung

„Auf der Grundlage eines sozialen Versicherungswesens werden bei Krankheiten und Unfällen materielle Sicherheit, unentgeltliche ärztliche Hilfe, Arzneimittel und andere medizinische Sachleistungen gewährt" (Verfassung der DDR).

Die Organisation der Sozialversicherung oblag dem FDGB (Freier Deutscher Gewerkschaftsbund). Neben der Sozialversicherung gab es die „Staatliche Versicherung der DDR", in der waren Selbstständige und Handwerker versichert. Die Finanzierung der Sozialversicherung übernahm zu einem großen Teil der Staatshaushalt, da die Einnahmen bedeutend geringer waren als die Ausgaben. Jeder Bürger bekam einen SV-Ausweis (Ausweis für Arbeit und Sozialversicherung), entweder bei Eintritt in die Berufsausbildung oder bei Aufnahme eines Studiums.

FDGB-Erholungsheim „Freundschaft" in Feldberg am Haussee.

Im Ausweis wurden fortlaufend u. a. folgende Angaben festgehalten: Schul-, Berufs-, Fach- und Hochschulbildung, Spezialkenntnisse, Qualifizierungsmaßnahmen, staatliche und betriebliche Auszeichnungen, Urlaubs- und Lohnausgleichsansprüche sowie anspruchsberechtigte Familienangehörige, sämtliche Arbeitsrechts- und SV-Verhältnisse, alle Heilbehandlungen und Krankschreibungen mit Diagnoseschlüssel, Schutzimpfungen, Reihenuntersuchungen, Tauglichkeitsuntersuchungen für bestimmte Berufe, Blutgruppenbestimmung.

1976-1979

Eine Tüte voller Glück

Kartoffeln und Schultüte

Eine Illusion war die schwere Schultüte nicht. Hübsch bunt mit Bällen drauf, oben geschlossen mit Papier und großen Schleifen. Wir konnten sie kaum heben, geschweige denn tragen, taten das jedoch mit Ausdauer und dem Stolz des Schulkindes. Schon Monate vorher war dieser Tag in unseren Köpfen, wir wuchsen und wuchsen und meinten, bald so groß wie die älteren Geschwister zu sein. Wichtig hatten wir im Kindergarten oder in der Vorschule Blätter mit Buchstabenlinien bemalt und jeder Kreis, der einem O ähnlich sah, wurde bejubelt.

So liefen wir an unserem ersten Schultag zwischen den Eltern und Großeltern in die Schule, schwitzend die ungewohnte Last des kunstledernen Schulran-

Chronik

4. bis 15. Februar 1976
Die DDR belegt bei den Olympischen
Winterspielen in Innsbruck mit 19 Medaillen
hinter der UdSSR den zweiten Platz.

23. April 1976
Der Palast der Republik in Berlin wird
eröffnet.

19. Juli bis 3. August 1976
Die DDR belegt bei den Olympischen
Sommerspielen hinter der UdSSR und der
USA mit 90 Medaillen den dritten Platz.

29. Oktober 1976
Erich Honecker wird zum Vorsitzenden des
Staatsrates gewählt.

22. Januar 1977
Anschlag auf die Ständige Vertretung der
DDR in Bonn.

2. und 3. April 1977
Offizieller Freundschaftsbesuch von Fidel
Castro in der DDR.

9. November 1977
Das Urteil des Obersten Gerichtes der DDR
zum Grenzverlauf zwischen DDR und BRD:
Grenze verläuft in der Mitte des Talweges
der Elbe.

21. Februar bis 1. März 1978
X. Jahreshauptversammlung des Weltbun-
des der Demokratischen Jugend (WBDJ) in
Berlin. Vorbereitung der XI. Weltjugendfest-
spiele in Havanna.

26. August bis 3. September 1978
Siegmund Jähn fliegt als erster Deutscher
mit seinem sowjetischen Kollegen Waleri
Fjodorowitsch Bykowski in den Kosmos.

1. September 1978
Einführung des Wehrkundeunterrichtes für
die 9. und 10. Klassen.

1. Januar 1979
Inkrafttreten der neuen Urlaubsordnung,
Erhöhung des Jahresurlaubs aller Werktäti-
gen um mindestens drei Tage.

16. April 1979
DDR-Bürger dürfen in Intershops nur noch
mit Forumschecks bezahlen.

25. September 1979
Beschluss des ZK der SED, des Ministerrates und des FDGB-Bundesvorstandes über
die Erhöhung der Renten.

Einschulung – was wohl
drinsteckt, in der Tüte?

zens auf dem Rücken und die der
Schultüte in den Armen tapfer ertra-
gend. Glücklich, aber unruhig saßen
wir auf den Bänken in der Turnhalle,
hörten nicht, was die zweite Klasse
uns vortrug und was der Direktor
erzählte. Bis wir einzeln aufgerufen
und unseren Klassen zugeteilt
wurden, schien eine Ewigkeit zu

vergehen. Hand in Hand mit einem Klassenkameraden gingen wir hinter der Klassenlehrerin in das Klassenzimmer.

Nach diesem ersten Schultag marschierten wir mit Mutti, Vati, Opa und Tanten nach Hause und konnten es nun nicht mehr abwarten, die Schätze in der Schultüte vor uns auszubreiten. Die große Schwester half beim Öffnen der Schleifen, und heraus purzelten Süßigkeiten und Süßigkeiten, herrlich. Dann kamen Turnschuhe und ein Trainingsanzug zum Vorschein, ein Kartenspiel und, welche Enttäuschung, die untere Hälfte war mit Papier und Kartoffeln vollgestopft. Die Schwester tröstete, das wäre bei ihr ebenso gewesen, die Eltern wollten, dass die Schultüte voll und schwer beladen wirkte.

Haus der Kultur und Bildung – beides wurde großgeschrieben in der DDR.

Einschulung

Jedes Jahr am Anfang des Septembers kamen die jeweiligen Schulanfänger in die Schule. Die meisten Kinder waren sechs Jahre alt, selten wurden Kinder erst mit sieben eingeschult. Voraussetzung war u. a. der Besuch des Kindergartens oder der Besuch von sogenannten Vorschulen, die im letzten Jahr vor Eintritt in die Schule alle die Kinder besuchten, die nicht im Kindergarten waren. Damit sollte gewährleistet werden, dass alle Kinder die gleichen Bildungsvo-raussetzungen hatten. Die Schultüte als Symbol gehörte ebenso dazu wie festliche Kleidung. Meist wurden die Kinder in den Sporthallen der Schulen mit offiziellen Ansprachen und musikalischen Vorführungen älterer Schüler begrüßt. Jedes Kind wurde einzeln aufgerufen und seiner Klasse zugeführt. Die Kinder wurden von den Eltern und Großeltern begleitet, am Nachmittag feierten die Familien dieses Ereignis zu Hause oder in Gaststätten.

Die Unterstufe

Die Polytechnische Oberschule teilte sich in Unterstufe und Oberstufe auf. Die Klassen eins bis vier gehörten zur Unterstufe. Dort wurden die Fächer Deutsch, Mathematik, Schulgarten, Heimatkunde, Werken, Zeichnen, Musik und Sport unterrichtet. In manchen Schulen gab es dazu noch das Fach Nadelarbeit. Lehrer waren in der Mehrzahl Unterstufenlehrerinnen, für die es eine spezielle Fachschulausbildung gab. Der Schulhort gehörte für die meisten Kinder zum Alltag der Schule. Durch den Hort war die Ganztagsbetreuung für Kinder auch nach dem Kindergarten gewährleistet. Spezielle pädagogisch ausgebildete Fachkräfte betreuten die Kinder vor und nach der Schule in den Klassenzimmern. Wie im Kindergarten gab es feste Abläufe wie beispielsweise die Mittagsruhe und die Hausaufgabenzeiten.

Ferienzeiten sahen für alle Schulen wie folgt aus: Eine Woche Herbstferien (Oktober), zwei Wochen Ferien zum Jahreswechsel, drei Wochen Winterferien (Februar), eine Woche Frühjahrsferien (Mai) und acht Wochen Sommerferien (Juli/August). Zeugnisse gab es immer zum Abschluss eines Halbjahres vor den Winterferien und am Ende des Schuljahres vor den Sommerferien. Zusätzlich zu den Zensuren in den verschiedenen Fächern wurden sogenannte „Kopfnoten" für Betragen, Ordnung, Fleiß, Mitarbeit und bis 1978 eine Note für das Gesamtverhalten verteilt. Die Beurteilung des Klassenlehrers verfasste dieser handschriftlich am Schuljahresende.

Raumschiff Enterprise und Adolars Abenteuer

Was sahen wir uns nicht alles im Fernsehen an, die meisten von uns hatten Westfernsehen und konnten, wenn unsere Eltern es zuließen, alle

Wolf Biermann kurz nach seiner Ausbürgerung aus der DDR.

7. bis 10. Lebensjahr

Die Crew von Raumschiff Enterprise.

Filme und Serien sehen, die ARD und ZDF ausstrahlten. Gern nahmen wir den schlechten Empfang in Kauf, das Rauschen, das Flimmern der Bilder, egal, Hauptsache es gab Serien. Unsere kleine Farm mit der durchtriebenen Nelly, die Waltons-Familie, in der John-Boy das Familienleben aufschreibt, welches sich rund um das Sägewerk der Großfamilie abspielt. Oder Raumschiff Enterprise gar, dessen Vorspannworte: „Der Weltraum – unendliche Weiten. Wir schreiben das Jahr 2200. Dies sind die Abenteuer des Raumschiffs Enterprise, das mit seiner 400 Mann starken Besatzung fünf Jahre lang unterwegs ist, um neue Welten zu erforschen …" uns bis heute begleiten.

Auf unseren Sendern liefen nicht weniger spannende Serien: „Adolars phantastische Abenteuer", Adolar, der in seinem Geigenkasten eine aufblasbare Weltraumrakete vor seinen Eltern versteckt hält, mit der er heimlich durch die Milchstraße reist. Und erst mal „Spuk unterm Riesenrad", dessen Helden die entflohenen Hexe, Riese und Rumpelstilzchen aus der Geisterbahn im Plänterwald uns durchs Land jagen, Rumpelstilzchen mit dem Stecker des fliegenden Staubsaugers in der Nase, vom Berliner Kaufhaus über den Hexentanzplatz bis zur Burg Falkenstein.

Und sonst? Wir lernten das ABC, wir lernten den Pioniergruß, wir lernten rechnen und wir lernten, miteinander umzugehen. Wir schlossen Freundschaften, wir spielten viel, wir erfuhren, dass es einen Klassenfeind gab, dass der Ostblock die Guten und alle anderen die Bösen waren. Und wir waren zufrieden. Waren wir doch die Guten. Wenn einer von uns wusste, was dieser Pfarrer Oskar Brüsewitz in Zeitz gemacht hat, dann war es für uns doch eher unverständlich. Opa erzählte immer mal von einem Pastor aus seiner Kindheit, vor dem alle Angst hatten, und mit einem Pfarrer konnten wenige von uns was anfangen.

Und dass ein Wolf Biermann nicht wieder einreisen durfte, nun ja, da meinten unsere Mütter, solle er doch froh sein, endlich mal wieder gute Luft schnappen zu können und andere wären froh, in den Westen zu kommen. Einige meinten, solche wie er sollten draußen bleiben und es sollten noch mehr rausgeworfen werden. Wir spielten und lachten und kannten nur den dürren Wolf aus dem Tierpark und die Biermänner hießen bei uns Bierkutscher.

Radio, Radio

Das Staatliche Rundfunkkomitee war seit 1968 in das „Staatliche Komitee für Rundfunk" und das „Staatliche Komitee für Fernsehen" gegliedert. Die Programmredaktionen waren in Berlin zentralisiert. Dort fand die zentrale Leitung und Gestaltung der Hörspiele und Musikproduktionen, die der Nachrichtensendungen sowie die der Sendungen zur Außenpolitik statt. Neben dem „Radio DDR", das speziell für die eigenen Bürger sendete, richtete sich der „Deutschlandsender" an die Bevölkerung in der BRD, repräsentierte der „Berliner Rundfunk" die Hauptstadt und wandte sich, seit 1958 mit der gesonderten

„Berliner Welle", an die Bürger in Westberlin. „Radio Berlin International" produzierte und sendete ab 1955 für das Ausland.

Das Jugendradio DT 64, welches durch die Reihe „Duett – Musik für den Recorder" erfolgreich wurde, war aus dem Jugendstudio „DT 64" des Berliner Rundfunks während des letzten Deutschlandtreffens der Jugend 1964 hervorgegangen. Mit einem täglichen Programm von 4 bis 24 Uhr war der Sender einmalig in Europa. Viele Rockbands feierten über DT 64 die ersten großen Erfolge und auch Musik aus dem Westen wurde über diesen Sender in voller Länge gespielt.

7. bis 10. Lebensjahr

Fahnenappell mit hohen Gästen.

Seid bereit! Immer bereit!

Pioniergruppe, Pioniernachmittage, Pionierhaus, Pioniereinsätze – Alltag eines Pioniers. In der ersten Zeit immer mit Pionierbluse und Halstuch, ließen wir nach und nach die Bluse weg, stattdessen kam ein weißer Pullover und wir banden uns locker das Halstuch drüber. Der Pioniergruß erfüllte den Schulhof beim Fahnenappell, wenn der Pionierleiter durchs Mikrofon brüllte: „Für Frieden und Sozialismus seid bereit" und wir unser „Immer bereit" zurückbrüllten. Ein Spaß war es für uns, wenn wir vorher ausmachten, lauter als die anderen Klassen zu brüllen, während wir zackig die rechte innere Handkante an unseren Kopf hielten.

In der Klasse wählten wir einen Gruppenrat, der bestand aus Gruppenratsvorsitzendem, dessen Stellvertreter und einem Agitator, der gleichzeitig für die Gestaltung der Wandzeitung zuständig war. Manchmal sammelten wir Altstoffe, die wir dann beim Altstoffhof abgaben, und das Geld ging in die Klassenkasse oder wurde gespendet, beispielsweise für die Kinder in Kambodscha. Die Pioniernachmittage waren mittwochs, und an diesen Tagen bastelten wir, sprachen über Timur-Einsätze oder besuchten die Patenbrigade.

Früh übt sich.

Das blaue Halstuch

Am 13. Dezember 1948 wurde der Verband der Jungen Pioniere gegründet und war der Freien Deutschen Jugend unterstellt. 1952 wurde dem Verband der Name „Ernst Thälmann" verliehen. Die Pioniere trugen weiße Blusen und eine blaue Hose oder einen blauen Rock, anfangs sogar ein blaues Käppi mit dem Zeichen der Pioniere darauf. Den linken Ärmel der Bluse schmückte das Emblem der Pionierorganisation. Das wichtigste Merkmal war das blaue Halstuch, das durch einen bestimmten Knoten, den Pionierknoten, um den Kragen zu binden war.

Die Symbole wie Fahne und Wimpel, Trommel und Fanfare sowie der Gruß „Seid bereit – Immer bereit" hatten ihren Ursprung aus der bis 1933 bestehenden Kinderorganisation der KPD (Kommunistische Partei Deutschlands). Monatlich erschien für die Jungpioniere die „ABC-Zeitung", wöchentlich die „Trommel" (bis 1958 „Junger Pionier") für die Thälmannpioniere. Daneben wurden weitere Zeitungen wie „Frösi – Fröhlich sein und singen" herausgegeben.

Institutionen für Pioniere waren etwa 150 Pionierhäuser und 50 zentrale Pionierlager sowie der Pionierpark „Ernst Thälmann" in der Berliner Wuhheide, das Zentralhaus der Jungen Pioniere in Berlin und die Pionierrepublik „Wilhelm Pieck" am Werbelinsee (nach Vorbild des sowjetischen Pionierlagers „Artek"). Jährlich am 13. Dezember wurde den Schülern der ersten Klassen das feierliche Gelöbnis der Jungpioniere abgenommen.

Pionierhaus Neustrelitz.

Pioniergruppe mit roten Halstüchern.

Das rote Halstuch

In der vierten Klasse wurden alle Jungpioniere zu Thälmannpionieren, indem man
ihnen das rote Halstuch umband und
jeder ein Mitgliedsbuch bekam. Bei
bestimmten Anlässen, wie Fahnenappel-
len oder Demonstrationen an öffentlichen
Feiertagen war es Pflicht eines jeden
Pioniers, seine Zugehörigkeit durch
Tragen der Pionierkleidung zu zeigen. Als

Auszeichnung gab es beispielsweise die
Urkunde „Für vorbildliche Leistungen" bei
der Erfüllung des Pionierauftrages mitsamt
einer Ehrenschleife Jungpioniere, den Titel
„Vorbildliches Kollektiv" für Thälmannpioniere sowie die Abzeichen „Für gute Arbeit
in der Schule" und „Für gutes Wissen".
Wöchentlich gab es für die Thälmannpioniere die Zeitung „Die Trommel".

Zitterbacke und was wir sonst gern lasen

Zitterbacke – Hühnerkacke! Wie oft haben wir das gelesen, gehört und selbst gerufen. Alfons, dieser Name prägte sich für uns als der eines Pechvogels ein. Die Geschichte von Alfons Zitterbacke, die anfing mit einem Preisausschreiben und der Dame Zweu und einem feststeckenden Fahrstuhl. Ein Junge, der einen Wellensittich dressieren will und dabei die Wohnung zerdeppert, der einen Betrunkenen mimt und die Rolle dabei so unglücklich glaubhaft spielt, ein Junge, der ein emsiger Pionier ist und immer alles besonders gut machen will. Seinem Namen Zitterbacke gibt er oftmals die Schuld, weil der ihm ständig Ärger bringt. Bei fast allem, was Alfons tut, läuft irgendetwas schief und so ist er sympathisch, weil er so gar kein Held ist, genauso wenig wie wir.

Und Ottokar Domma? Der brave Schüler? Der Weltverbesserer, das Frücht-chen und der Gerechte? Alle Eigenschaften in einem einzigen Jungen. Ottokar, dieser lustige Naseweis und Streichemacher, der Gesagtes wörtlich nimmt, den Pionierleiter Pilei nennt und einen russischen Brieffreund Aljoscha hat. Beschrieben wurde in Otto Häusers Büchern Ottokars Leben in der Familie, in einem Dorf, auf eine ehrliche direkte Weise. Situationen, die wir von uns kannten, über die wir an anderer Stelle nie gelacht hätten, waren hier Spaß pur. Situationen, die uns von eigener Peinlichkeit befreiten.

Natürlich verschlangen wir auch die Abenteuer von Tom Sawyer, der mit seinem Freund Huckleberry Finn viele Abenteuer im mittleren Westen der USA erlebte. Wir lernten Tante Polly, Becky Thatcher, den Banditen Indianer Joe und Muff Potter kennen. Wir bewunderten die Gerissenheit von Tom, wie er sich gewinnbringend um das Streichen des Zaunes drückt und träumten manche Nacht von dem Schatz in der Höhle, aus der Indianer Joe nicht mehr heraus-kam. Und wenn wir wie einer unserer Bücherhelden sein wollten, dann wie der Joe und der Huck oder wie die hübsche Becky.

Spreewaldgurken und Kuba-Apfelsinen

Was wir früh gelernt haben und was wir nie wirklich mochten, war, sich anzu-stellen, sobald sich irgendwo eine Menschenschlange gebildet hatte, egal, was es gab. Vor dem Gemüseladen, munkelte man, es gäbe Bananen oder Weintrauben. Beim Kinderausstatter gab es vielleicht Latzkordhosen und im HQ-Kaufhaus Handtücher oder Bettwäsche und in der Konsum-Kaufhalle Spreewaldgurken im Glas. Nicht selten standen wir nicht neben unserer Mutter, sondern hinter ihr, mit einem Geldschein ausgestattet. Wir sollten nämlich extra einkaufen, denn es gab meist nur eine bestimmte Menge von jedem für jeden.

Das Anstehen war nicht nur anstrengend, weil es manchmal mehrere Stun-den dauern konnte, bis man endlich zur Ladentheke vorgedrungen war, nein, es war uns auch peinlich. Wie oft löste sich die Schlange nach einiger Zeit auf, da die Ware ausverkauft war oder die Verkäuferin teilte uns mit, dass es keine Bananen mehr gab, aber sie noch ein paar Kisten Kuba-Apfelsinen anzubieten hätte. Wenn dann irgendeine Ware erstanden war und unsere Mutter diese stolz zu Hause ausbreitete, wunderten wir uns, wie wenig Ware wir für die viele Zeit vor den Läden bekommen hatten. Trotzdem aber häuften sich irgendwann im Schrank der Tante die Handtücher, im Schrank der Oma stapelten sich die Kinderhosen und im Keller suchten die gekauften Gurkengläser nach Platz neben den unzähligen selbst eingeweckten Konserven. Menschen, die keine Paprika mochten, kauften sie. Verkäuferinnen waren gefragte Nachbarn und Bierfahrer immer gern gesehene Gäste.

7. bis 10. Lebensjahr

Leben wie die Könige – ein eigener Palast

Der Ministerrat beschloss 1973 den Bau des Palastes der Republik. Die Grundsteinlegung erfolgte ein paar Monate später und Ende 1974 wurde bereits Richtfest gefeiert. Drei Jahre nach dem Beschluss des Ministerrates, im späten Frühjahr 1976, konnte der Palast der Republik als größtes politisches Funktions- und Repräsentationsgebäude eröffnet werden. Ein Bauwerk, dazu bestimmt, den Einklang von Volk und Staat zu zeigen, ein Miteinander von Regierung, Kultur und Lebensalltag.

Der Palast war Sitz der Volkskammer und Treffpunkt für alle Bürger auf dem Marx-Engels-Platz im Zentrum Berlins. Verwaltet wurde der Palast durch den Ministerrat, für den Betrieb waren 1750 Mitarbeiter zuständig. Im nördlichen Teil befanden sich ein großer Kongresssaal, weitere Tagungsräume, ein Theater, eine Kunstgalerie, Foyers, Bowlingbahnen, ein Jugendtreff mit Disko und diverse Restaurants und Cafés. Die Regierung nutzte den Palast für große Empfänge und internationale Veranstaltungen. Ebenso wurden dort seit der Eröffnung sämtliche SED-Parteitage, FDGB-Bundeskongresse und FDJ-Parlamente abgehalten. Veranstaltungen wie die Bälle für „Verdienstvolle Werktätige" sowie der „Ball der Jugendbrigaden" rundeten die Nutzung des Palastes der Republik ab.

Der Palast der Republik bot den richtigen Rahmen für Festveranstaltungen.

Willi Schwabes Rumpelkammer

Das Abendprogramm unseres Fernsehens bestand nicht nur aus dem „Schwarzen Kanal" mit Karl-Eduard von Schnitzler montags und der „Aktuellen Kamera", die wenigstens zweimal täglich vom ersten und einmal täglich vom zweiten Programm gebracht wurde. Das zweite Programm brachte viele Dokumentar- und Spielfilme aus der Sowjetunion, manchmal in russischer Sprache. Das Erste zeigte auch internationale Filme, nicht nur aus dem befreundeten Ostblock. Schulfernsehen wie „English for you" und „Wir sprechen Russisch" gab es von beiden Sendern. Sendungen wie „Ein Kessel Buntes" und „Außenseiter Spitzenreiter" unterhielten nicht nur unsere Eltern. Ebenso gab es sehr viele Sportübertragungen – wer von uns kennt nicht Heinz-Florian Oertel, der die Fahrer der Friedensfahrt allein mit seiner Stimme begeistert vorantrieb. In jedem nur etwas sportbegeisterten Haushalt, so auch in unserem, standen seine Bücher, das bekannteste: „30 Jahre wie ein Sprint".

Aber die beliebteste Sendung war nicht nur für unsere Eltern und Großeltern, sondern auch für uns Willi Schwabes Rumpelkammer. „Der Tanz der Zuckerfee" aus dem Nussknacker von Tschaikowsky klingt noch heute in unseren Gedanken. Sobald diese Melodie zu hören war, stieg Willi Schwabe zu seinem Dachboden empor, in der Hand eine Petroleumlampe, und öffnete mit großem Schlüsselklimpern die Dachkammer. Er zeigte Ausschnitte alter Filme vorwiegend aus den 40er- bis 60er-Jahren und erzählte amüsant von Schauspielern oder von verschiedenen Ereignissen um die Entstehung der einzelnen Filme.

Kalte Winter und rauchende Schornsteine.

Kalte Winter

Wir hatten in unserer Neubauwohnung Kohleöfen und in fast jedem Zimmer stand ein Ofen, im Wohnzimmer der größte der Kachelöfen, der gleichzeitig das Schlafzimmer mitheizen sollte. Leider hat das nie so geklappt, wie es sollte. Das Schlafzimmer der Eltern war eiskalt und die Wände fingen jedes Jahr neuen Schimmel ein. Unsere Mutter bestellte jedes Jahr pünktlich die zweimal zwanzig Zentner Kohle, die wir für unsere 3 1/2-Zimmer-Wohnung benötigten. Nicht immer klappte die rechtzeitige Lieferung der Braunkohle. Wenn es über einen längeren Zeitraum zu kalt war, konnte die Belieferung schon mal eine ganze Weile ausbleiben. Was unseren Eltern aber nicht viel ausmachte, hatten viele Väter bereits im Sommer und Herbst fleißig Holz aus dem Wald geholt, ahnend, dass wieder ein kalter Winter kommen würde.

Unsere Mutter ärgerte sich ständig über die Art des Heizens, über die Asche, die überall herumflog, über den Geruch und vor allem über die Besuche des Schornsteinfegers, der nicht selten eine schwarze Schmutzschicht auf den Möbeln hinterließ. Denn die Klappen zum Schornstein waren von jeher undicht, und so verfluchte unsere Mutter jeden Schornsteinfeger, wenn sie ihn nur aus der Ferne sah. Wir Kinder liebten jedoch die Wärme der Kachelöfen und vor allem den Duft der Bratäpfel und die kalten weißen Winter sowieso.

Fernsehen

Bereits im März 1950 wurde mit dem Aufbau des Fernsehens begonnen. Die Baumaßnahmen für die Fernsehstudios in Berlin-Adlershof begannen 1951, ein weiteres Hauptstudio gab es in Berlin-Johannesthal und bedeutende Außenstudios in Halle und in Rostock. Verantwortlich war seit 1968 das „Staatliche Komitee für Fernsehen". Am 21. Dezember 1952 um 20:00 Uhr fiel der Startschuss zum Beginn des täglichen offiziellen Versuchsprogrammes aus Adlershof mit der ersten Nachrichtensendung „Aktuelle Kamera", einen Tag später gab es die erste Sportsendung und die erste Wetterkarte. Der erste Fernsehfilm aus eigener Produktion, „Die Entscheidung des Tilman Riemenschneider", wurde am 12. September 1954 ausgestrahlt.

Das offizielle Fernsehprogramm begann mit einer Anfangszeit von 2,2 Stunden am 3. Januar 1956. Seit dem 3. Oktober 1969 wurde parallel auf dem 2. Fernsehprogramm gesendet und ab dem 7. Oktober 1969 war die Ausstrahlung von Farbfernsehsendungen möglich. In sehr vielen Haushalten konnten Westprogramme empfangen werden.

Auf die Plätze …
Fertig … Los!

Blick in eine sechste Klasse.

Die Oberstufe: PA, ESP und UTP

In der Oberstufe wurden neben Deutsch, Mathematik, Geschichte, Biologie, Geografie, Kunsterziehung, Musik und Sport folgende Fächer unterrichtet: Als obligatorische Fremdsprache Russisch, in der sechsten Klasse kamen Physik und in der siebten Klasse Staatsbürgerkunde sowie Chemie hinzu. Auch Englisch, seltener Französisch und vereinzelt andere Sprachen wurden fakulta-

Chronik

2. bis 24. Februar 1980
Die DDR gewinnt bei den Olympischen
Winterspielen in Lake Placid 23 Medaillen,
eine mehr als die UdSSR.

5. Juni 1980
Der Film „Baulöwe" mit Annekathrin Bürger
und Rolf Herricht wird uraufgeführt.

19. Juli bis 3. August 1980
Die BRD und die USA boykottieren die
Olympischen Sommerspiele in Moskau. Die
DDR belegt mit 126 Medaillen hinter der
UdSSR den zweiten Platz.

5. Dezember 1980
In Moskau findet das „Treffen führender
Repräsentanten der Warschauer-Pakt-
Staaten zur politischen Situation in Polen"
statt.

11.-16. April 1981
X. Parteitag der SED in Berlin.

8. Oktober 1981
Das neu erbaute Gewandhaus in Leipzig
wird feierlich eröffnet.

13. Dezember 1981
Der Ausnahmezustand in Polen wird
verhängt.

18. Februar 1982
DEFA-Filmpremiere „Die Beunruhigung".

9. bis 10. März 1982
PLO-Vorsitzender Yassir Arafat macht
offiziellen Freundschaftsbesuch. Die
PLO-Vetretung in Berlin erhält den Rang
einer Botschaft.

18. Juni 1982
Die DDR garantiert Straffreiheit für
DDR-Flüchtlinge vor 1980.

11. März 1983
Zum 100. Geburtstag von Karl Marx findet
eine Festveranstaltung des ZK der SED,
des Ministerrates und des Nationalrats der
Nationalen Front statt.

24. bis 27. Juli 1983
Franz-Josef Strauß reist privat in die DDR.
Ein Zusammentreffen mit Erich Honecker
findet am 24. Juli am Werbellinsee statt.

24. September 1983
Die Kampfgruppen feiern ihr 30-jähriges
Bestehen mit einem Kampfappell in Berlin.

tiv als weitere Fremdsprachen
angeboten, je nach Möglichkeiten der
Schule. Ebenfalls ab der siebten
Klasse gab es PA – Produktive Arbeit
– und ESP – Einführung in die sozia-
listische Produktion. Zu ESP zählte TZ
– Technisches Zeichnen – in den
Klassenstufen sieben bis neun und in
den späten Achtzigerjahren der
Informatikunterricht. Bis Ende der
Sechzigerjahre nannte man dieses
Fach UTP – Unterrichtstag in der
Produktion. Der PA-Unterricht fand oft
in einer LPG (Landwirtschaftliche
Produktionsgenossenschaft) oder in
einem Industriebetrieb statt.

Das Fach Wehrkunde hielt ab der
neunten Klasse und ein Jahr später
Astronomie Einzug in den Lehrplan.
Am Ende der zehnten Klasse legten
die Schüler eine Abschlussprüfung
ab. Wer es nicht bis dahin schaffte,
hatte keinen Abschluss in dem Sinne,
er „ging mit der achten Klasse ab".
Die Lehrpläne und die Prüfungen
waren wie bei der POS einheitlich und
für das gesamte Land verbindlich. Als
weiterführende Schule gab es die
EOS, die Erweiterte Oberschule, dort
konnte das Abitur erlangt werden. Als
Spezialschulen galten beispielsweise
die R-Schulen (Schulen mit erweiter-
tem Russischunterricht) sowie
Kinder- und Jugendsportschulen.
Weiter gab es Sonderschulen für
Kinder mit bestimmten körperlichen
und geistigen Beeinträchtigungen.

Was Mutti und Vati gern tranken

Bei einigen unserer Verwandten gab es an den Wochenenden vor dem Mittagessen ein Gläschen Pfeffi oder für die Männer einen Goldbrand, damit der Appetit größer wurde. Wenn Opa und Tante einmal in der Woche zu Besuch kamen, holten unsere Eltern gern „Timms Saurer" zum Anstoßen raus. Zu Geburtstagen gab es zum kräftigen Kartoffelsalat einen Lautergold wegen der besseren Verdauung, und danach tranken die Männer ihr Export-Pils und dazu wegen des besonderen Anlasses die teure Goldkrone oder Nordhäuser Doppelkorn.

Wir Kinder saßen mit unserer Brause daneben, hielten immer wieder mal die Finger in die Schnapsgläser und die Erwachsenen schauten großmütig darüber hinweg. Zu Weihnachten gab es den selbst gemachten Eierlikör, für den Mutti vorher literweise den 96-prozentigen Primasprit oder später den 56-prozentigen Primus aus der Kaufhalle holte, der auch für den Rumtopf die Grundlage war. Selbst wir Kinder durften von diesen eigenproduzierten Leckereien naschen. Die großen Brüder trafen sich in der Kneipe und tranken zu ihrem Bier den blauen Würger, die große Schwester saß mit ihren Freunden lieber bei einem Glas des süßen Murfatlar.

„Selbstgebrautes" stand hoch im Kurs.

Wir waren in

So langsam kamen wir in das Alter, in dem uns unser Äußeres wichtig wurde. Ein Teil unseres Taschengeldes ging für Haargel und Deosprays drauf und neidisch schauten wir auf die, die statt der Wisent eine Levis trugen und sie stolz präsentierten. Breite Gürtel waren in und fast jeder besorgte sich irgendwo eine grüne Studentenkutte. Palästinensertücher waren nicht etwa als politisches Statement gedacht, sondern zeugten ausschließlich von unserem guten Modegeschmack. Auffallen mussten wir, mit allem, was wir hatten.

In war, wer Westklamotten hatte. Statt der Schultasche nahmen wir lässig Plastiktüten vom Aldi, die Mädchen schnitten sich die langen Haare und bekamen ihre bunten Dauerwellen und die Jungs nähten sich Westmarken auf

ihre Osthosen, um mitreden zu können. In waren auch all die, die über die neuste Westmusik Auskunft geben konnten, die Dallas sehen durften und die Fotografien von Bobby und J. R. auf dem Schulhof verkauften.

Partyvorbereitungen.

43

Wild River & Florena

Es gab den VEB Kosmadon, der zum VEB Kosmetik-Kombinat Berlin wurde, mit den Betrieben Florena Waldheim, Decenta-Werk Döbeln, Bombastus-Werke Freital und Gerana-Kosmetik Gera. Die Namen dieser Betriebe kannte fast niemand. Aber deren Produkte. Fürs „Exquisit" wurden beispielsweise die Herrenpflegeserie „Wild River" produziert, dann Duschgel, Deo und Lotion namens La Grande und das Pflegeprogramm Koivo.

In Kaufhallen und Drogerien gab es die Pflegeprogramme Arctic, Privileg, Quartett, Bombastus, Frisiercreme Fan, alon Haarspray, Thuringia Rasierseife, für Frauen Parfüm wie „Schwarzer Samt" und Eau de Toilette „Casino de luxe", von

Florena neben der Creme in der Dose noch Badusan sowie Ei-Shampoo. Eine Handcreme hieß Wuta-Kamille, Schminke Regard und Sküs und die Seife Patinett de luxe, Lanolin mit Kamille oder Nautik.

Mach mit, mach's nach, mach's besser

Auch die Unsportlichen unter uns kennen Adi. Adi – Gerhard Adolph (moderierte die Sportsendung „Mach mit, mach's nach, mach's besser" seit 1964) –, wie er sonntags Kinder verschiedener Schulen gegeneinander antreten ließ. Geschicklichkeit, Schnelligkeit und am Rande die Schulkameraden, wie sie lauthals ihre Mannschaft anfeuerten. Schon im Kindergarten wurde geturnt und es gab selten jemand, der nicht bereits in der ersten Klasse irgendeinen Sport betrieb, Fußball, Volleyball, Handball, Leichtathletik, Kanu und was es sonst noch gab. Dem Deutschen Turn- und Sportbund (DTSB) waren fast alle Sportlichen Vereinigungen unterstellt und er hatte in den 80er-Jahren circa 3,5 Millionen Mitglieder. Nur die Sportschützen und die Flug- und Tauchsportler waren nicht im DTSB, sondern in der Gesellschaft für Sport und Technik (GST) organisiert. Wir liefen für den SV Aktivist um die Wette, warfen mit Bällen für den SC Motor und schossen Tore für den SV Empor.

Jedes Jahr versuchten wir, endlich das nächste Sportabzeichen zu bekommen. Dass das Sportabzeichen „Bereit zur Arbeit und zur Verteidigung der Heimat" hieß, war uns vollkommen gleichgültig. Viele von uns waren beim SV Dynamo aktiv, der weinrote schicke Trainingsanzug, die besseren importierten Turnschuhe reizten uns. Es war die Sportorganisation der Volkspolizei und des Staatssicherheitsdienstes, in der die Kinder auf den Leistungssport vorbereitet wurden. Bei den Kinder- und Jugendspartakiaden bekamen die Dynamo-Sportler die meisten Medaillen. Und wer besonders gut war, hatte die Chance, auf eine der Kinder- und Jugendsportschulen (KJS) zu kommen. Für die meisten von uns waren die Anforderungen aber viel zu hoch, im Sport musste die Note 1 her und der Durchschnitt in den wissenschaftlichen Fächern durfte die Note 2,5 nicht unterschreiten. Also gaben wir uns mit den Kreismeisterschaften zufrieden und feierten dort unsere Siege bzw. die der anderen.

Tischtennis und Lautsprecher

Sommerferien endlich, jedes Jahr kamen die ersehnten großen Ferien zu spät und waren viel zu schnell vorbei. Acht Wochen schulfrei. Herrlich. Die Noten schnell verdaut, Vatis Predigt und Muttis Scheitelstreichen hinter uns gebracht, packten wir unsere Sachen. Es sollte ins Ferienlager gehen, ins Pionierlager

oder Trainingslager. Während die Begeisterung für die Trainingslager nach ein bis zwei Tagen nachließ, wuchs die Freude während des Ferien- oder Pionierlagers umso mehr. Wir übernachteten in Bungalows, Jungs und Mädchen getrennt und wurden morgens mit schallender, fast immer gleicher Musik durch einen zentral angebrachten Lautsprecher geweckt.

Im Ferienlager wurden wir von Angehörigen der elterlichen Betriebe betreut, im Pionierlager von FDJlern und im Trainingslager von Übungsleitern und älteren Sportlern. Appelle gab es überall, das Essen war ähnlich und nicht gerade Kindergeschmack, das mitgebrachte Taschengeld ging für Brause und Naschzeug drauf. Neben den vielen gemeinschaftlichen Aktionen spielten wir Tischtennis, meist „chinesisch", sodass viele mitspielen konnten, wir spielten Volleyball, aßen Stockbrot und versuchten uns an dem ersten Kuss. Abends dann die Gruselgeschichten und die Lagerfeuer und vielleicht eine Nachtwanderung, am Ende eine Disko, die uns mit allen versöhnte, selbst mit den strengsten Betreuern.

Zelten an der Ostsee

Einmal im Jahr fuhren wir mit der ganzen Familie in den Urlaub. Auslandsreisen standen nur ganz selten auf dem Plan, nicht nur wegen des Geldes, sondern wegen des Mangels an Möglichkeiten. Über das Reisebüro konnten Auslandsreisen gebucht werden, schwierig war oft die Visavergabe, trotzdem reisten viele Bürger regelmäßig an den Balaton. Fast alle Ferienreisen liefen über den Feriendienst des FDGB (Freier Deutscher Gewerkschaftsbund). Dem FDGB standen fast 700 Erholungsheime, 400 weitere vom FDGB vertraglich genutzte Einrichtungen sowie das Urlaubsschiff „Arkona" zur Verfügung. Auch hierbei waren Beziehungen sehr wichtig. Hatten unsere Eltern Bekannte beim Feriendienst des FDGB oder kannten sie jemanden, der dort jemanden kannte, war es ohne Weiteres möglich, regelmäßig einen Urlaubsplatz zu bekommen.

Im Winter fuhr man ins Erzgebirge und im Sommer war neben der Ostsee die Mecklenburger Seenplatte ein begehrtes Reiseziel. Manchmal waren die Ferienbungalows nur wenige Kilometer von zu Hause entfernt. Wer kein Glück und keine Beziehungen hatte, offiziell eine Ferienreise zu ergattern, zeltete inoffiziell oder schwarz. Wir Jugendlichen hatten früh eigene Zelte, mit denen wir uns in die Ferien aufmachten.

Hoch über Berlin

Wie entstehen Träume? Aus Wünschen? Aus Erlebnissen? Aus Sehnsüchten? Sicher aus allem irgendwie. Und der Traum der Freiheit ist in jedem von uns. In Berlin meinten viele, der Freiheit ein Stückchen näher zu kommen. Dem Westen so nahe, Westberlin in Sichtweite, wenn auch nicht zum Anfassen. Die Eltern oder Großeltern erzählten von längst vergangenen Reisen in den Westen, zu Zeiten, als es noch keine Mauer gab. Die Schilderungen waren bunt,

Der Fernsehturm auf dem Alexanderplatz in Berlin.

bunt wie die Werbung, die wir aus dem Westfernsehen kannten. So hatten manche den Traum, wenigstens einmal den Westen sehen zu können. Und dieser Traum wurde uns erfüllt durch ein Bauwerk aus Beton: Der Berliner Fernsehturm am Alexanderplatz, 365 Meter hoch bis zur Spitze, in der Kugel die Besucherplattform und das Restaurant. Vor den drei Fahrstühlen hieß es warten, wenigstens eine halbe Stunde. Aber das war es uns allen wert.

Das Restaurant war eine drehbare Etage und aus den Fenstern sahen wir für eine Stunde grenzenlos in alle Himmelsrichtungen. Mitten in Berlin saßen wir wie auf einem Berg und konnten trotz der Mauer alles übersehen. Der Westen nicht weit, sichtbar in der Realität, ein Platz, dem weder Ost- noch Westpropaganda den Glanz der Freiheit nehmen konnten. Der Bau war ein politischer Bau, der Klassenfeind sollte sehen, was der Ostblock konnte, zu welchen Bauwerken die kleine DDR fähig war. Es wurde höher als jedes andere Bauwerk im gesamtdeutschen Gebiet.

Parteien

Die Sozialistische Einheitspartei Deutschlands (SED) war die Staatspartei, die führende Kraft der sozialistischen Gesellschaft, aller Organisationen der Arbeiterklasse und der Werktätigen, der staatlichen und gesellschaftlichen Organisationen: „Die DDR ist die politische Organisation der Werktätigen in Stadt und Land unter Führung der Arbeiterklasse und ihrer marxistisch-leninistischen Partei" (aus der Verfassung der DDR). Mit dem Marxismus-Leninismus als Weltanschauung wurden sämtliche wesentlichen ideologischen und organisatorischen Zielsetzungen der Partei begründet.

In den Achtzigerjahren hatte die SED über 2,2 Millionen Mitglieder und Kandidaten, also etwa jeder fünfte erwachsene

Fassadenschmuck zum Parteitag.

Bürger des Landes war Mitglied oder Kandidat in der Partei. Neben der SED gab es noch die Christlich-Demokratische Union Deutschlands (CDU) mit 120 000 Mitgliedern, die Demokratische Bauernpartei Deutschlands (DBD) mit 103 000 Mitgliedern, die National-Demokratische Partei Deutschlands (NDPD) mit 91 000 Mitgliedern und die Liberal-Demokratische Partei Deutschlands (LDPD) mit 82 000 Mitgliedern.

1984- 1988

Hinter dem Horizont ...

Jugendweihe ... immer lächeln
... wir sind erwachsen.

Vom Sinn unseres Lebens

Endlich war es so weit. Nach endlos langweiligen Jugendstunden kam der große
Tag. Der Tag im Frühjahr. Wir waren vierzehn und schon Wochen vorher wurde
die Kleidung zusammengekauft, in der „Jugendmode" gab es Anstürme auf die

Chronik

10. Februar 1984
In Leipzig wird die erste große Max-Beck-mann Ausstellung in der DDR eröffnet.

8.-19. Februar 1984
Erfolgreichste Nation mit neun Goldmedaillen bei den Olympischen Winterspielen in Sarajevo war die DDR.

4. September 1984
Erich Honecker sagt seinen geplanten Besuch in der BRD ab.

15. Januar 1985
Die letzten sechs von zwischenzeitlich 168 DDR-Bürgern verlassen die Botschaft der BRD in Prag.

12. März 1985
Tod des KPdSU-Präsidenten Tschernen-kow, sein Nachfolger wird Michail Gorbat-schow.

6. Juni 1985
Treffen zwischen Erich Honecker und Herbert Wehner am Werbellinsee.

26. April 1986
Atomunfall im Kernkraftwerk Tschernobyl.

6. Mai 1986
Unterzeichnung eines Kulturabkommens zwischen der DDR und der Bundesrepublik.

15. November 1986
Wiedereröffnung der Deutschen Staatsoper in Berlin.

15. bis 17. Januar 1987
Aktion „Rock für den Frieden" in Berlin.

13. bis 14. Oktober 1987
Willi Stoph lehnt für die DDR die sowjetischen und ungarischen Reformbestrebungen ab.

18. Dezember 1987
Die Volkskammer beschließt die Abschaffung der Todesstrafe.

25. Februar 1988
Die UdSSR beginnt mit dem Abzug von Atomraketen kürzerer Reichweite aus der DDR.

1. bis 2. Dezember 1988
Erich Honecker lehnt weiter die Reformen nach sowjetischem Vorbild ab.

Festtagskleidung. Wer niemanden in der Familie hatte, der ihm etwas nähen konnte und wer nicht das Glück hatte, regelmäßig Pakete aus dem Westen zu beziehen, traf sich bei den Einkäufen. Jeder wollte besser aussehen als der andere. Die Mädels trugen längere Kleider oder Kostüme, Mini war nicht angesagt und die Jungs dunkle Anzüge, meist mit Krawatten. Am Tag der Jugendweihe wurden morgens Locken ins sonst glatte Haar gewickelt, Haargel und Spray in Unmengen benutzt, alle wollten besonders erwachsen aussehen.

Und so marschierten wir in Reih und Glied auf die Bühne des Theaters oder des Kulturhauses, in Gruppen der Größe nach angeordnet und hatten Angst, die engen Schuhe oder die ungewohnten hohen Hacken würden uns die Treppe nicht unbeschadet hoch- und hinuntertragen. Wir, die bereits dran gewesen waren, beobachteten unsere Klassenkameraden, jeder Schritt, jeder Wackler wurde mit einem Grinsen bedacht. Doch selbst jene unter uns, die sonst laut waren und stets plapperten, waren in dieser Stunde still. Und oben auf der Bühne, meist ohne Sturz am zugewiesenen Platz angekommen, legten wir im Chor das Gelöbnis ab. Anschließend überreichten uns Pioniere Blumen, irgendein hohes Tier übergab uns das Buch „Vom Sinn unseres Lebens" und schüttelte unsere schwitzenden Hände.

Zu Hause gab es dann endlich die Geschenke. Wir hatten uns Geld gewünscht und wir bekamen es. Der ersehnte Kassettenrekorder oder die Anzahlung fürs Moped oder was sich Vierzehnjährige so wünschen, konnte gekauft werden. Während die Familie feierte, trafen wir uns und machten Pläne, tranken ganz erwachsen Bier und Bowle und waren am nächsten Tag um die Erfahrung eines ausgewachsenen Katers reicher.

Jugendweihe

Das Politbüro der KPdSU (Kommunistische Partei der Sowjetunion) fasste 1953 den Beschluss über „Maßnahmen zur Gesundung der politischen Lage in der DDR", der unter anderem eine sozialistische Alternative zur Konfirmation vorsah. Im März 1955 fand die erste Jugendweihe in Berlin statt. Die Jugendlichen hatten als Vorbereitung zehn Jugendstunden beizuwohnen. In denen wurden verschiedene Themen, wie die Geschichte der Arbeiterbewegung, der Kampf der Sowjetunion im Zweiten Weltkrieg und das sozialistische Gesellschaftssystem erläutert. Der Besuch von Gedenkstätten für die Opfer des Faschismus gehörte zum praktischen Teil der Jugendstunden. Die Jugendweihe war in der DDR ein
großer Festakt. Jugendliche im Alter von 14 Jahren wurden somit in den Kreis der Erwachsenen aufgenommen. Sie erhielten den Personalausweis und hatten das Recht, mit „Sie" angesprochen zu werden.

Zum Festakt selbst, der in einem großen Saal oder im Theater des jeweiligen Ortes stattfand, waren alle Angehörigen eingeladen. Zu Beginn der Feier wurde ein Rahmenprogramm mit feierlicher Musik, Gedichten und oder Gesang dargeboten. Dem schlossen sich eine oder mehrere Ansprachen verdienter Mitglieder der sozialistischen Gesellschaft an. Schließlich bat man die Jugendlichen in kleinen Gruppen, der Körpergröße entsprechend, auf die Bühne. Sie legten gemeinsam das Gelöbnis ab.

Blauhemd ...

Seit 1947 gab es eine Uniform für Mitglieder der Freien Deutschen Jugend, der FDJ. Die Uniform bestand aus dem blauen Hemd, auch Blauhemd genannt, das ein Emblem, die aufgehende Sonne, der FDJ-Organisation auf dem rechten Oberarm trug. Der Gruß „Freundschaft", die blaue Fahne sowie die Zeitung „Junge Welt" gehörten zu den weiteren Merkmalen der FDJ.

In der achten Klasse wurden die Jugendlichen Mitglied und jeder konnte bis zum 30. Lebensjahr aktiv dabei bleiben, ältere Mitglieder nannten sich „Freunde der Jugend". Die höchste Bildungsstätte der FDJ war die Jugendhochschule „Wilhelm Pieck" am Bogen-

Jugendhochschule „Wilhelm Pieck" bei Bernau.

see bei Bernau. Die Mitgliedschaft half bei der Lehrstellensuche und war oftmals Voraussetzung für die Möglichkeit eines Studiums.

Tschernobyl – eine „Randerscheinung"

1986, das Jahr, in dem einige von uns die Schule beendeten oder diese auf der EOS fortsetzten, das Jahr, in dem wir eine Ausbildung begannen oder uns im letzten Schuljahr darauf vorbereiteten. Am 26. April geschah eine der größten Umweltkatastrophen. Die Katastrophe von Tschernobyl, ausgelöst durch Bedienungsfehler und Mängel der Konstruktion, die damals vielen Menschen das Leben kostete und noch heute immense gesundheitliche und wirtschaftliche Schäden nach sich zieht, bemerkten wir nur am Rande. Unsere Nachrichten informierten spärlich, aus Rücksicht auf den großen sowjetischen Bruder.

Das Westfernsehen war viel offener, aber wir hatten andere Probleme. Die Vorbereitung auf die Abschlussprüfung vielleicht, die Sorge um die künftige Lehrstelle, der Platz an der EOS. Prüfungen in Mathe, in Deutsch, in Physik, tägliches Pauken, was konnte schlimmer sein? Das Wissen, ab September selten bei den Eltern zu sein, sich ihrer Aufsicht durch die Berufsschule entziehen zu können, was konnte schöner sein?

Manch eine Abschlussfahrt stand bevor, nach Dresden, nach Berlin, nach Rostock vielleicht. Die Frage, was ziehe ich zur Abschlussfeier an, beschäftigte uns länger als die Frage, was da in Tschernobyl passiert sein könnte. Die Versorgung wurde sogar für einige Wochen besser, Obst und Gemüse kamen großzügiger in den Handel, was unsere Mütter besänftigte, und auch für sie rückte Tschernobyl schnell wieder in eine weite Ferne. Was erst Ende April geschah, war schon im Mai desselben Jahres für uns Geschichte.

Sammeln zum Aufmarsch
am Tag der Republik.

Reichlich frische Luft

Ernteeinsätze – sei es zur Erdbee-
renzeit im Sommer, sei es zur
Kartoffelernte oder zur Tabakernte
im Herbst, so ging es regelmäßig
jedes Jahr wieder raus an die frische Luft. Obwohl es Pflichteinsätze waren und wir im Kollektiv der Klasse hinfuhren, machte es Spaß. Wir saßen auf Knien, sammelten was das Zeug hielt und verdienten uns ein paar Mark. Mittags gab es was aus der Gulaschkanone und die Arbeit an der frischen Luft hatte uns hungrig gemacht. Die LPG (Landwirtschaftliche Produktionsgenos-senschaft), die wir unterstützten, hieß „Roter Stern", „Neue Ordnung" oder „Frohe Zukunft".

Oft hatten auch Angestellte und Arbeiter aus Betrieben Ernteeinsätze, unsere Mütter und Väter, die sonst am Schreibtisch oder an der Werkbank arbeiteten, saßen nun wie wir und wie die Arbeiter der LPG an der Kartoffelsortierma-schine oder stapelten die Tabakblätter der Größe nach. Auf der Ladefläche von LKWs wurden wir Erntehelfer zu den Feldern und wieder zurücktransportiert. Morgens noch singend, abends jedoch zumeist sehr kaputt und oft voller Sonnenbrand verbrachten wir die Tage unserer Pionier-, Klassen- oder FDJ-Einsätze.

Mielke und Co.

Wer von uns kannte nicht die Staatssicherheit? Der Name Mielke war gleichbedeutend mit der Stasi. Die Stasi gehörte zum Alltag wie die Schule, wie die Familie, wie die Hand am Arm. Normal eben. Zahlen kannten die meisten von uns nicht. Dass es zum Zeitpunkt des Mauerbaus ungefähr 20 000 Mitarbeiter und in den Achtzigerjahren weit über 80 000 Mitarbeiter im Ministerium für Staatssicherheit (MfS) gab, wussten die wenigsten. Manchmal hieß es im Bus oder im Zug, man solle nicht so laut reden, man wüsste nie, wer noch im Abteil säße. Dann sahen wir uns um und überlegten, welches Gesicht wohl ein Stasigesicht sein könnte.

Zu Hause wurde das Westfernsehen ausgemacht, wenn nicht so gute Bekannte zu Besuch kamen. Wir hielten die Sorge der Eltern für übertrieben, wussten wir ja ebenso wenig, dass etwa 600 000 Menschen in der Geschichte des MfS als IM (Inoffizielle Mitarbeiter) gearbeitet haben. Und wenn jemand offiziell für die Stasi arbeitete, war das für die Nachbarn weniger ein Problem, im Treppenhaus ging es dann meist etwas leiser zu.

Die Stasi-Zentrale in Berlin.

Nicht ohne das MfS

Das Ministerium für Staatssicherheit (MfS – umgangssprachlich Stasi) hatte seine Zentrale in Berlin-Lichtenberg, in der die Hauptabteilungen Abwehrsektor, Aufklärung und Bewirtschaftung ihren Platz hatten. Der Zentrale waren 14 Bezirksverwaltungen und die Objektverwaltung Wismar sowie circa 250 Kreis- und Objektdienststellen unterstellt. Die Stasi galt offiziell als ein Organ des Ministerrates der DDR, dem spezielle Sicherheits- und Rechtspflegeaufgaben für den zuverlässigen Schutz der sozialistischen Staats- und Gesellschaftsordnung gegen alle feindlichen Anschläge auf die Souveränität und territoriale Integrität der DDR, auf sozialistische Errungenschaften und das friedliche Leben des Volkes übertragen wurden. Die

Aufgaben der Stasi waren die einer politischen Geheimpolizei, die einer Untersuchungsbehörde für politische Strafsachen und die eines geheimen Nachrichtendienstes. Zu den Mitarbeitern der Stasi zählten hauptamtliche Mitarbeiter wie Offiziere, Unteroffiziere und Zivilisten, weiter „Inoffizielle Mitarbeiter" sowie „Gesellschaftliche Mitarbeiter Sicherheit", diese kamen aus allen Bereichen des Staates und der Gesellschaft.

Ab in die Ferne

Geschafft, die Abschlussprüfungen hinter uns, die Welt stand uns offen. Zumindest ein Stückchen. Schon ab der sechsten Klasse wurden wir über unsere Ausbildungsmöglichkeiten informiert. In der neunten Klasse sollten wir wenigstens einen konkreten Berufswunsch benennen, die Berufsberatung nannte uns die verschiedensten Möglichkeiten. In der zehnten Klasse hielten wir eine Bewerbungskarte für die Betriebe oder eine LPG in den Händen.

Wer bis Mitte Juni noch keine Lehrstelle hatte, bekam einen Lehrvertrag in einem der weniger beliebten Ausbildungsberufe. Auf dem Lande gingen die Schulabgänger oftmals wie die Eltern in die Landwirtschaft als Zootechniker oder Melker. In den Betrieben gab es den Zerspanungsfacharbeiter, den Facharbeiter für Werkzeugmaschinen, den Kleidungsfacharbeiter. Gefragt bei uns Jugendlichen waren Berufe wie Kellner, Friseur oder Fachverkäufer. Die Berufsschulen waren manchmal fernab des heimatlichen Betriebes, sodass wir Woche für Woche in unser Lehrlingswohnheim fuhren und die Zeit ohne Eltern in vollen Zügen genießen konnten.

... schnell aufs Abschiedsfoto.

Nach der Zehnten ...

Nach dem Abschluss der zehnten Klasse gab es verschiedene Möglichkeiten der weiteren Ausbildung. Zuerst einmal die zweijährige Facharbeiterausbildung, die dreijährige Facharbeiterausbildung mit Abitur und die dreijährige Facharbeiterausbildung für alle diejenigen, die den Abschluss der zehnten Klasse nicht geschafft hatten, aber wenigstens acht Jahre erfolgreich die Schule besucht hatten. Es gab Abschlüsse eines Facharbeiters oder eines Teilfacharbeiters. Diese Ausbildungen fanden in Betriebsberufsschulen (BBS), an kommunalen Berufsschulen und Zentralberufsschulen statt. Diese Schulen waren den Volkseigenen Betrieben und Kombinaten angeschlossen.

Klassenausflug.

Wer es bis an die Erweiterte Oberschule (EOS) schaffte, durfte noch zwei Jahre länger die Schulbank drücken, bevor er an der Universität oder der Fachschule entsprechend der gewählten Studienrichtung studieren konnte. Neben den zahlreichen Fachschulen gab es Universitäten in Berlin, Leipzig, Halle, Jena, Rostock, Greifswald und in Dresden.

Mit Spatz und Schwalbe und Rekorder

Wir hatten das Geld der Jugendweihe gespart, das Taschengeld der letzten Monate beiseitegelegt, Oma und Opa angepumpt und uns sogar aus Geiz die Zigaretten verboten, nur, weil wir uns ein Moped kaufen wollten. Wenn nicht ein neues, so das gebrauchte des Bekannten oder das vom großen Bruder. Vor den Mädchen angeben und vor allem auch mit ihnen angeben. Eine Simson sollte es sein, wenn möglich keine Schwalbe, eine S50

Glücklich, wer ein modernes Moped sein Eigen nannte.

oder S51, was Sportliches eben. Zur Not tat es aber auch was Älteres aus der Vogelserie, ein Spatz oder ein Habicht oder eben die Schwalbe, die der Opa so gern fuhr. Wie bei den Autos wurden Ersatzteile besorgt, getauscht, wir lernten früh von den Eltern und Großeltern, wie man so etwas machte. Im Sommer mit der Clique an den See, die Mädchen hintendrauf, den Babett- oder Anett-Kassettenrekorder von RFT (Rundfunk und Fernmeldetechnik) im Gepäck, verbrachten wir wunderbare Stunden.

Laute Musik, überspielt mit den Hits von Mike Oldfield, Modern Talking und Falco, vor, während und nach dem Baden rauf- und runtergehört. Pictures in the Dark, Brother Louie und Jeanny. Auf dem Nachhauseweg, wenn es Abend war und wir auch ohne Bier in Stimmung kamen, grölten wir von unseren Mopeds aus Hubert Kah's Sternenhimmel.

Das Vaterland verteidigen

Durch ihre Brüder und Väter wussten die Jungs unter uns, was auf sie zukommen würde, wenn sie volljährig würden: Achtzehn Monate sollten sie das Vaterland verteidigen. Entweder gleich nach dem Abitur oder nach der Lehre. Die Eltern kamen zur Vereidigung, stolz und mit tränenden Augen. In Uniformen aus steingrauem Tuch mit hochgeschlossenen dunkeln Kragen, auf den Köpfen die abgeflachten Helme, die einem Versuchsmuster der deutschen Wehrmacht von 1943 glichen, so sahen wir die Soldaten an Feiertagen oder beim Heimaturlaub.

Wir sahen nicht die Quälerei, die Repressalien, die sie erlebten, das harte Leben in den Kasernen war uns egal. Ebenso die Gerüchte, dass den Vorgesetzen die Stiefel geputzt werden mussten, dass die Fußböden mit Zahnbürs-

NVA-Soldaten.

ten gereinigt wurden, dass die Älteren die jungen Soldaten bei jeder Gelegenheit niedermachten. Befehle entgegennehmen, sie ausführen, das erschien ihnen einfach. Die paar Monate sollten sie zu Männern machen und auch die fürsorglichen Eltern meinten meistens, der Wehrdienst hätte noch niemandem geschadet.

Die Nationale Volksarmee

Im Januar 1956 verabschiedete die Volkskammer das „Gesetz über die Schaffung der Nationalen Volksarmee und des Ministeriums für Nationale Verteidigung". Dadurch war eine sofortige Stärke von über 100 000 Soldaten herstellbar. Bereits am 1. März 1956 sollten alle Bereiche der NVA arbeitsfähig sein, was durch Übernahme der Truppen der „Kasernierten Volkspolizei" möglich wurde. Der 1. März wurde ab 1957 als „Tag der Nationalen Volksarmee" begangen. Die NVA war anfangs eine Freiwilligenarmee. Die allgemeine Wehrpflicht wurde ab Januar 1962 eingeführt. Der Grundwehrdienst dauerte 18 Monate und es wurden ab diesem Zeitpunkt Männer im Alter von 18 bis 26 Jahren eingezogen.

Als Alternative zur NVA galt auch ein Dienst bei den Grenztruppen, bei der Kasernierten Volkspolizei (den VP-Bereitschaften) oder bei dem Wachregiment der Stasi.

Frauen konnten freiwillig Laufbahnen als Unteroffizier auf Zeit, Berufsunteroffizier, Fähnrich oder ab 1984 als Berufsoffizier einschlagen. Zumeist betraf das die rückwärtigen und medizinischen Dienste. Einen Zivildienst als Wehrersatzdienst gab es nicht. Jedoch schuf man ab 1964 sogenannte Baueinheiten. In diesen war ein Wehrdienst ohne Waffe als Bausoldat möglich und dauerte ebenso wie der normale Wehrdienst 18 Monate. Die NVA führte bis zu ihrer Auflösung nie einen Krieg.

Freundschaftsreisen

Während wir die Lehre beendeten, spielten wir weiter im Verein Fußball, Volleyball oder Handball, blieben in der FDJ und suchten die Ferne durch Reisen mithilfe des Jugendreisebüros „Jugendtourist". Oder wir unternahmen mit dem Gefühl der neu gewonnenen Freiheit eines Erwachsenen Reisen mit der Sportmannschaft ins sozialistische Ausland – z. B. nach Polen – zu internationalen Turnieren. Dort wurde an den Abenden gefeiert und getanzt und der Sport war „nur" eine Begleiterscheinung. Wer mit seinem Freund oder seiner Freundin verreisen wollte und vielleicht auch einen ersten Flug vom Flughafen Schönefeld genießen wollte, buchte seine Reise über „Jugendtourist". Zum Beispiel eine Gruppenreise mit anderen FDJlern nach Ungarn, mit Unterkünften in Mehrbettzimmern.

Das Privileg, in ein fast schon westliches Ausland zu kommen, ließ uns die westlichen Touristen ignorieren, die immer das bessere Essen bekamen und wegen ihrer Devisen herzlicher aufgenommen wurden. Wenn uns ein Ungar nach unserer Herkunft fragte, antworteten wir unverblümt mit einem „Ja!" auf die Frage „Deutsch?", bis unsere Mark,

… auf zum Friedensmarsch.

die wir versuchten schwarz zu tauschen, verriet, aus welchem Deutschland wir kamen. Und trotzdem genossen wir die Ferne, die Fremde und freuten uns schon auf den nächsten Urlaub.

Urlaub in Prag.

Das Jahr, in dem wir volljährig wurden

Was im Jahr 1988 um unseren 18. Geburtstag herum alles geschah:

Der DEFA-Film von Lothar Warneke „Einer trage des anderen Last", durchaus regimekritisch, nahm wie auch „Chausseestraße 126" von Volker Steinkopff am Wettbewerb der Berlinale teil.

Bei den Winterspielen in Calgary wurde Eddie „the Eagle" Edwards trotz seines letzten Platzes bekannter als die erfolgreichsten Sportler. Die Schwimmerin Kristin Otto errang wie Mark Spitz 1972 bei sechs Starts sechs Goldmedaillen und wurde damit die erfolgreichste Olympionikin der Sommerspiele in Seoul. Mike Tyson wurde Weltmeister im Schwergewicht. Der FC Dynamo Berlin wurde DDR-Meister und Werder Bremen BRD-Meister im Fußball. Steffi Graf gewann alle vier Grand-Slam-Turniere.

Internationale Filme kamen in die westdeutschen Kinos, die wir erst später sehen sollten, es waren Filme wie: „Der Prinz aus Zamunda", „Ödipussi" oder „Eine verhängnisvolle Affäre".

Endlich 18 – ein Grund zum Feiern!

Im März gab es eine totale Sonnenfinsternis im Westpazifik.

Im August starben bei einem Erdbeben der Stärke 6,6 in Nepal und Indien etwa 1450 Menschen, bei einem anderen Erbeben der Stärke 6,9 im Dezember in Armenien gab es mehr als 25 000 Tote.

Michail Sergejewitsch Gorbatschow sagte, dass jeder sozialistische Staat sein gesellschaftliches System frei wählen kann. Die Sowjetunion begann mit dem Rückzug aus Afghanistan. Erich Honecker gab offiziell die Ablehnung der sowjetischen Reformpolitik bekannt.

Und wir summten Udos Hit „Hinter dem Horizont geht's weiter …"

Auf dem Weg zur Deutschen Einheit

- *7. Oktober 1949*
  Verfassung der DDR trat in Kraft.
- *11. Oktober 1949*
  Erster Staatspräsident wurde Wilhelm Pieck.
- *17. Juni 1953*
  Volksaufstand sowie die Verhängung des Ausnahmezustandes durch die sowjetische Besatzungsmacht.
- *8. September 1960*
  Die Einreise von Bundesbürgern nach Ost-Berlin wurde genehmigungspflichtig.
- *13. August 1961*
  Aufgrund der anhaltenden Flucht von DDR-Bürgern beschloss die Regierung, die Grenze zu West-Berlin zu schließen und begann mit dem Bau der Berliner Mauer.
- *1. bis 18. August 1967*
  Für die Staatsgrenze West wurden die ersten Metallgitterzäune errichtet.
- *1. April1976*
  5499 Personen durften in die BRD ausreisen, ebenso 1200 politische Gefangene.
- *3. Mai 1974*
  Bestätigung durch den Nationalen Verteidigungsrat über den Schusswaffeneinsatz gegen Grenzverletzter.
- *Februar bis April 1984*
  Etwa 23 500 ausreisewillige Bürger konnten die DDR verlassen.
- *25. Juni 1984*
  Vorübergehende Schließung der Ständigen Vertretung der BRD in Berlin für den Besucherverkehr, da sich dort 55 ausreisewillige DDR-Bürger aufhielten, am 30. Juni verließen 25 von ihnen nach Verhandlungen die Vertretung.
- *3. April 1989*
  Aussetzung des Schießbefehls an der innerdeutschen Grenze.

- *2. Mai 1989*
  Ungarn begann mit dem Abbau der Grenzbefestigung nach Österreich.
- *8. August 1989*
  Schließung der Ständigen Vertretung der BRD in Berlin, da dort 130 Menschen eingedrungen waren, um ihre Ausreise zu erzwingen.
- *13. August 1989*
  Schließung der Botschaft der BRD in Budapest, da dort 181 DDR-Bürger ihre Ausreise erzwingen wollten.
- *24. August 1989*
  Ungarn erlaubt 108 DDR-Bürgern die Ausreise nach Österreich.
- *25. September 1989*
  Erste Montagsdemonstration in Leipzig mit mehreren Tausend Teilnehmern.
- *29. September bis 4. Oktober 1989*
  Mehrere Tausend DDR-Bürger, die sich in die Botschaften der BRD in Prag und in Warschau geflüchtet hatten, erhielten die Erlaubnis zur Ausreise. Bei der Ausreise in verriegelten Zügen der Deutschen Reichsbahn durch die DDR kam es zu Demonstrationen und Straßenschlachten, da Tausende versuchten, die Züge zu besteigen.
- *18. Oktober 1989*
  Egon Krenz wurde Nachfolger von Erich Honecker.
- *4. November 1989*
  Auf dem Alexanderplatz in Berlin demonstrierten etwa 500 000 Menschen.
- *7. November 1989*
  Rücktritt des Ministerrates.
- *8. November 1989*
  Rücktritt des Politbüros.
- *9. November 1989*
  Öffnung der Berliner Mauer.

Endlich 18 – ein Grund zum Feiern.

Endlich erwachsen

Wir waren endlich 18. Wir hatten die Lehre hinter uns oder das Abitur in der Tasche. Einige von uns blieben in der Heimat, andere zog es nach Berlin oder anderswohin. Die Studienplätze waren uns sicher, die Arbeitsplätze auch. Wir wussten, wir würden noch eine Weile bei den Eltern wohnen müssen, eine eigene Bude war nicht in Sicht. Das Jahr 1988, eigentlich ein Jahr wie ein jedes, war für uns der Beginn einer Freiheit, die wir noch gar nicht abschätzen konnten. Wenn wir uns trafen, begann schon ein „Weißt du noch, damals in der Schule?", oder „Was macht eigentlich …?" Wir begannen, die Vergangenheit zu entdecken, obwohl die Zukunft noch so groß, so endlos erschien. Der Freund wurde plötzlich zum festen Lebenspartner, Dinge wurden wichtig, die bislang keine Rolle gespielt hatten. Manch einer trat in die Partei ein, manch einer trat aus der FDJ aus. Entscheidungen mussten getroffen werden, selbstständig und ohne Unterschrift der Eltern.

Wir ließen schnell und gern die Eltern los, das kalte Wasser war nicht wirklich kalt, es war angewärmt und den doppelten Boden gab es im Jahr 1988 noch immer. Dass der große Umbruch in unserem Leben mit dem Mauerfall und der Öffnung der deutschen Grenzen im Jahr 1989 erst noch bevorstand, ahnten wir zu dieser Zeit nicht.

Erwachsen, und nun?